校長先生、幸せですか?

学校法人湘南学園学園長
住田昌治

教育開発研究所

序章

校長の孤独

校長先生、幸せですか？

本書を読まれている全国の校長先生にうかがいます。

校長室でひとり孤独になっていませんか？

自分は孤独だと感じていませんか？

校長とはそもそも孤独な存在なのでしょうか。たとえば校長室は、校長が「どんな学校にしようか？　そのためにどんなことをしようか？」と、ひとりで戦略を練る特別で大切な場所です。そのために校長ひとりだけが学校で部屋を用意されて、その部屋をひとりで使う権限が与えられているのです。企業でも社長には社長室がありますね。それと同じです。

小学校では、子どもから「校長先生のお仕事はなんですか」と聞かれることがよくあります。校長にはいろいろな仕事がありますが、子どもに対してどう答えればよいか、困った経験のある校長先生も多いのではないでしょうか。

そんなときは、「校長先生はみんなを幸せにする仕事をしているんですよ。みんなが幸せになるためにどうすればいいかな、っていつも考えています」と答えるのはどうでしょう？　そう答えれば、みんなハッピーな気持ちになりますよね。私がそう答えると、子どもたちはとてもうれしそうに帰っていきます。

ある先生からこんな相談が来ました。

「校長室のドアが閉ざされている日が、ドンドン増えています。すごく不安になります」

先生たちは、校長室の様子をいつも見ています。そして、校長先生のことを気にしています。

校長室が校長ひとりのためにあるからといって、教職員にとって敷居の高い、入りづらい場所になってはいけません。風通しのよい、心理的安全性が確保された職場をめざしているのでしたら、まずは校長室が教職員にとって気軽に入りやすい場であることが必要です。真っ先に校長室を開放してください。

「こんな学校をつくりたい」というビジョンを描き、戦略を練るのは校長ですが、それを実際に実現してくれるのは教職員のみなさんです。校長も教職員も同じ方向をむいて、実現に向かっていくことが大切です。

そう考えると、校長はけっして孤独な存在ではありません。みんな学校づくりの仲間なのです。そのようなスタンスで教職員に接することが、大切なのではないでしょうか。

校長先生、あなたが学校にいるだけで、他の人に貢献しているのですよ。

校長先生、誰か頼れる人はいますか？

教職員には、職員室にたくさんの同僚がいます。教室に行けば、子どもたちがいます。前にも横にもたくさんの人がいるのです。

校長はどうでしょうか。孤独で誰も周りにいないのでしょうか。

校長の後ろには誰もいません。でも、実は前にはたくさんの教職員がいます。「後ろに誰もいない」というのは、校長が「学校の責任者」だということでもあります。責任をとってくれる人は、自分の後ろには誰もいませんが、前には自分を助けてくれる人がたくさんいるのです。一緒に考え、一緒に悩み、一緒に行動してくれる、信じて任せられる教職員がたくさんいます。

そう考えると、やはりけっして孤独ではありません。校長は、「自分のビジョンを一緒に実現してくれる人がいるんだ」という感覚を持つことができれば楽になります。ビジョンを考えるときは確かに孤独ではあるかもしれませんが、それをともに実現していく仲間が目の前にたくさんいるのです。校長は校長室でひとりビジョンを考えるかもしれませんが、そこから先に広げていくための「共創の場」となるのも校長室です。校長自身が自ら校長室をみんなに開放して、力を結集するための交流の場にしていくことが大切ではないでしょうか。

校長先生、幸せに働けていますか?

「校長先生、幸せですか?」

と聞かれたら、どう返されますか？

「はい、幸せですよ」と堂々と言い切れるかというと、これはなかなかむずかしいかもしれません。対応しなければならないことが次々起こり、職場の人間関係を整えることにも力を注ぎ、やらなければならないことも山積し、自分では解決できない複雑な問題も数多く、疲れてしまう毎日だと思います。やはりそれが現実です。

しかし、それでも校長先生が幸せでいることは大切なのです。幸せでないと、ちょっとしたことでイライラしたり、怒ったり、機嫌が悪くなったりします。それを見ている教職員のみなさんは、被害を受けたくないですから、校長先生に近づかなくなったり、声をかけなくなったりします。そうすると、学校経営にも支障をきたします。だから校長先生が幸せでいることを常に心がけた方がよいと思います。


それでは、校長先生はどうすれば幸せでいられるのでしょうか。

それは、「自分は幸せだなぁ」と思い込むことです。

「教職員に恵まれ、子どもに恵まれ、保護者に恵まれ、地域に恵まれ……そのおかげで今、こうやって校長としてやっていくことができるんだ」と、等身大の幸せを感じること、感じようとするということです。あまり高望みをしないことです。

「自分は、とても同僚に恵まれている」

「子どもたちが学校に来てくれて幸せだ」

「先生たちが一生懸命に仕事をしてくれて幸せだ」

「保護者が学校に協力してくれているのはすごいことだ」

「地域の人が子どもたちのことを褒めてくれて幸せだ」

「地域の人が学校を励ましてくれることが幸せだ」

などと、自分自身で感じることが大事です。

高望みばかりしていると、幸せを感じなくなってしまいます。子どもが学校に来て学び、先生が授業をしていればそれで十分なのに、「こんな成績ではダメだ。もっとよい成績をとってほしい」と思えば、幸せは減ってしまうのです。

子どもたちが、「校長先生、おはようございます」と言ってくれれば十分幸せです。○○先生が自分の話を聞いてくれれば十分幸せです。

「幸せを感じる」ことは、校長にこそ大事です。「幸せを感じる」ことが、結果的に「幸せになる」ことにつながるのではないでしょうか。

そもそも人間は不完全ですから、何でも自分ひとりの力でできるわけではありません。「みんなのおかげで、本当に恵まれた環境のなかでいられる」と思えることはとても幸せですよね。それをまたフィードバックすることで、ハッピーをお返しする、〝ハッピー・リング〟を築くのです。

校長がハッピーでいることによって目の前の人がそれを見てハッピーになり、ハッピーの連鎖がどんどん広がっていくと、学校全体がハッピーになっていきます。「人に幸せを送る」ということです。

ハッピーな人の近くに、みんな行きたがります。幸せも怒りも全部、その人の近くに寄っていくことによって、伝染していき、周囲もだんだんそうなっていきます。ハッピー、元気さ、明るさを伝えていくことができる人でありたいですよね。

校長はハッピー・クリエイター！　ハッピー・リングをつくることができるのではないでしょうか。

校長先生、幸せですか？

学校は楽しいですか？

序章

校長の孤独

1章

「校長はこうあるべき」から抜け出す

自分を知ることから始める

学校経営は、自走する組織づくり

校長の人材育成

1章

「校長はこうあるべき」から抜け出す

自分を知ることから始める

「自分を知る・他者を知る・つながる」

ある自治体の講演会後に、中学校の校長先生から寄せられた感想です。

住田先生の講演を、ワクワクしながら聴かせていただきました。講演のなかで何回も出てきた「自分を知る」ことについて、改めて自分に向き合ういい機会となりました。今まで、校長として、職員や子どもたちにいろいろな投げ掛けをしてきましたが、「自分はどうだろうか」と問い直してみたり、「自分は幸せなのか」と考えてみたりするなかで、多くの気づきや感謝の気持ちを抱くことができました。「職員の幸せ」があってこそ「子どもたちの幸せ」があるということを基盤にし、職員の個性やアイディア、実行力を生かした「潤いと活力に満ちた中学校」を目指して力を合わせて前進していきたい、という元気をいただきました。ありがとうございました。

2022年の講演会・研修会から、「自分を知る・他者を知る・つながる」というテーマのワークを入れるようにしています。リーダーシップを突き詰めて考えていった結果、「自分を知る」ことの大切さにたどりついたからです。

自分を知ることは、幸せな生活を過ごす第一歩です。自分を知るとコミュニケーションがとりやすくなり、周りに流されなくなり、そして自分に合ったリーダーシップを見つけることにつながっていきます。

自分を知って、自分に合ったリーダーシップをとることが、校長にとっての幸せなのではないかと考えます。自分に合わないリーダーシップをとるのは、苦しいのではないでしょうか。無理をして自分に合わないことをしていても、自分も周りも幸せになれません。「自分を知り、自分に合ったリーダーシップをとる」ことが、校長の幸せになり、学校の幸せにもつながるのだと思います。

「教師になったきっかけは何ですか？」

私が講演会・研修会で行っているワークで発する問いのひとつが、「教師になったきっかけは何ですか？」というものです。

若手教師のころは「どうして教師になったんですか？」と、子どもや保護者、同僚等から聞かれることは多いですが、校長になると聞かれることはまずありません。

「自分を知る」ために、自身の人生をふり返ったり、教師をめざしていたころ、教師にあこがれていたころ、そして教師になってからのことをふり返ったりしてみると、興味深い自分に出会うことができます。「自分とは？」と立ち止まって考えることにもなります。

「教師になったころに思っていたことが、今、実現しているだろうか？」

「どんな教師になりたいと思っていたのだろう？」

そんなことについてワークの時間に隣の人と話し合っていると、自分を知るとともに、他者をも知ることができます。自分とは異なる動機や理由を聞くのは興味深いですし、その人の思いや根底に流れている信念のようなものも見えてきます。

ワークの間、校長先生たちは時間を忘れ、嬉々として話し合っています。会場が笑顔と笑い声で包まれています。そんな姿を見ると、学校では毎日大変でつらいこともあるかもしれませんが、この場ではみなさん幸せを実感されているのではないかと、私も嬉しくなります。

学校でも、こんなふうに校長先生が笑顔で楽しそうに話す姿が見られれば、きっと日本中の学校が元気になるでしょうね。研修で楽しそうに話し合う校長先生たちの姿を、学校の先生たちにも見てもらいたいと、いつも思います。

これを書きながら思い出したことがあります。私は20歳代の後半のころ、「30歳になったら自分の実践をまとめて本を出そう」と無謀なことを考えていました。もし出版が実現していたとしても、当時は見向きもされなかったかもしれませんが、それから40年後の今であれば、きっと多くの方に興味を持っていただけたでしょう。資料は残っていませんが、いつか私の20歳代のときの実践を書きとめておきたいと思います。かなり変わっていましたが、おもしろい実践でした。20歳代・30歳代のころの実践がベースとなって、私は今、校長としてのリーダーシップやマネジメントを考えているのかもしれません。

そして予定より30年遅れましたが、今では『カラフルな学校づくり』（学文社）、『「任せる」マネジメント』『できるミドルリーダーの育て方』（学陽書房）、『若手が育つ指示ゼロ学校づくり』（明治図書出版）、そして本書『校長先生、幸せですか？』の出版が実現します。何がきっかけで、何が起こるかわかりませんが、「思えば叶う」はまんざら間違っていないのかもしれません。

バスケットボール一筋

私のことで恐縮ですが、お話しします。

私はずっと中学校・高等学校・大学とバスケットボールをやってきました。そのバスケットボールを教えたくて教師になったのです。ですから、「中学校の部活をやりたかった」というのが、私が教師になったきっかけです（表向きには、父が教師ですので「父が働いている姿にあこがれて」と言っていました。まあ、影響を受けたと思いますから、全くのウソではありません）。

実際には、中学校ではなく小学校に勤めることになり、当時始まったばかりのミニバスケットボールの指導者になりました。教師生活の前半は、ミニバスケットボールのチームづくりや大会での勝利ばかりをめざして取り組んでいました。

こんなことを言ってよいのかどうか迷いますが、それだけに没頭していたのです。「授業がどう」とか「学校がどう」とかよりも、バスケットボール一筋、バスケットボールバカでした。どうやって日本一になるかばかりを考えて、練習方法を工夫したり、県外へ練習試合に出かけたり、長時間練習をしたりしていました。教師というよりもまるでバスケットボール指導者です。

一方、学校では、「教室は楽しく」「子どもたちが自分で授業をする」「子どものことは子ども任せ」「自分たちで考えて週計画や授業計画を立てる」といった実践をしていました。そして自分は、放課後体育館に行って鬼になり、バスケットボールで日本一を目指していたというのが、私のライフヒストリーです。

正直に言うと、教師とは少し離れたところに心があった感じがします。当時の教員生活はバスケットボール一色でした。学校の教員のほうが、どちらかと言うと副業みたいな感じでした。当時の子どもたちには本当に申しわけないのですが……。

でも、結果的に、今でいうところの「自由進度学習」「学び合い」「総合（合科）」「子どもに任せる授業」といったものに日々取り組んでいました。子どもたちが、自ら計画を立てて授業を進めたり、予習をして学習カードなどの教材をつくったりしていました。

もちろん、宿題などという古めかしいものはありません。子どもたちは自由学習ノート（「ドンドンノート」）で自由にテーマを決めて、復習や自由課題に当たり前のように取り組んでいました。

「担任が何もしないクラスは、子どもが育つ」と言うのは乱暴かもしれませんが、「子どもの邪魔をしない」「教師がお膳立てをしない」「教師が先回りして教えない」「急かさず待つ」「子どもに任せる」……自分にとっては手抜きでしたが、結果的に子どもの主体性を育てることになっていました。自分がいなくても、学級の子どもたちは自分で学級を運営していました。そして私はその間、バスケットボールの練習計画を考えていました……というのは内緒の話です。

その後、学校のなかでのポジションが研究主任や教務主任と変わるに従って、バスケットボールから少しずつ離れることになりました。学校の教育計画を立てる仕事がメインとなったので、バスケットボールの優先順位が下がっていったのです。

よく、「40歳までは自分の好きなことをやっていい。40歳からは学校のために働け」と言われていましたから、「いよいよそのときが来たんだな」と思っていました。男子チームは神奈川県大会で優勝し、全国大会にも3度出場しましたので、「いつまでもバスケットボールバカでやっていくのも、考えなければ」とも思っていました。

すべて自分でやる体育主任

研究主任や教務主任として、どうしても放課後の仕事が増えていき、体育館に足を運べなくなったので、練習は子どもたちに任せて最後に少しだけ顔を出す程度になりました。試合では監督としてベンチにいましたが、普段の練習を見ていませんから的確な采配ができず、県の上位には入れなくなっていきました。練習を任された子どもたちは楽しかったと思いますが、さすがにまだ小学生ですから、チームの力は落ちていきました。

ですから、地域の方にコーチを頼んで、練習を見てもらうようにしました。今でいう部活動の地域移行です。ミニバスケットボールのチームの多くは、初期の指導者が学校経営で忙しくなるにつれて、地域移行が進み、社会体育として発展していきました。地域によってはスポーツ少年団や学校で行っているところもあると思いますが、ミニバスケットボールはうまく地域へ引き継いでいった好事例です。行政の方々には、今後の部活動の地域移行の参考にしていただきたいと思います。

私がかかわる対象が、ここで子どもから先生たちに替わったわけです。それなら「任せる」ということはどうなったかと言いますと、担任として子どもに「任せる」ことは変わらず日々ありましたが、先生たちに仕事を「任せる」ことは全くありませんでした。自分が主人公。すべて自分でやっていたのです。

体育主任のころは、スーパーマンのように働きました。教師になって2年目から体育主任をやっていましたから、体力テスト、水泳、運動会、横浜市の体育大会、おまけに全学年の毎日の体育授業の計画まで立てていました。先頭に立って踊り、走り、動き、どこにでも顔を出し、何でも引き受けていました。今とは対照的です。

体育主任として自分がしていることはすべて「サービス」だと思い、夜中までかかろうが「全部自分に任せてください」というスタンスでした。ほかの先生たちにしてみれば、「どうぞどうぞ」です。

とくに運動会は、体育主任が教職員・保護者・地域などから評価される場でした。運動会が終わると反省会で校長から「住田さん、今年の運動会は、90点でした。体育主任として合格です」などと言われるのです。今の私を知る方からは信じられないかもしれませんが、合格点をもらえるように、運動会のすべてを仕切っていました。笑ってしまいますね。

そういう時代もあったのです。人には任せられない、手放せない、譲れない。自分がやるのが一番うまくいく、自分がやりたいことをやる、自分がやらなければダメだと思っていました。自分がやりたいと言ったことをやるためには、人には任せられないし、みんなにもそれを求められないから。みんなの期待に応えて何でもやりますよ、と思っていました。

教師には、そんな時期があるのかもしれませんね。

みなさんはどうですか？　何かに没頭したり、がむしゃらにがんばったり、今でいうブラックな働き方をしていた頃があるのではないでしょうか。

でも、いつまでもそんな働き方をしていたら、若手が誰も育ちません。自分は、信頼する先輩から任せられたからこそ育つことができたのですから、今度は自分が若手から信頼される先輩になって、若手に任せていかなければ学校が持続可能ではなくなってしまいます。

そう思うようになってから、少しずつ若手に任せるようになり、自分は主人公ではなく脇役に徹して、全体を俯瞰して見る楽しさを味わうようになりました。そして、自分が校長となって学校づくりをすることをイメージするようになり、副校長（横浜市では教頭のことを副校長と言います）になっていくわけです。


みなさんはいかがですか？

どんなきっかけで、校長をめざしましたか？

そして、その後どんな教員生活でしたか？

あなたはなぜ校長になりたかったのですか？

「どうして校長になろうと思ったのですか？」

校長採用試験のときに面接で聞かれた覚えがあります。そのときは、うまく答えたのだと思います（何と答えたのかは後述します）。

みなさんはどうですか？　どうして校長になったのですか？

私が教務主任をやっていた頃、たまたまそのときの副校長が、私にすべてを任せてくれる人でした。「学校の中のことは、全部住田さんよろしくねっ」と言って、いなくなってくれたのです。おかげさまで、仕事をたくさんやらせていただくことができました。教務主任でありながら副校長の仕事も経験できたので、これから自分が考えるような学校にしていくためには、どういうことをすればよいかがわかってきました。それは、校長になるためのステップです。視座を高くして、学校づくりのビジョンを描くことを学んでいったのです。

自分の思い描く学校をつくる。誰かがつくった学校ではなく、自分が描いた学校をつくって、それを実現していくことこそが自分の目指す姿だと思いました。それで管理職試験を受けましたが、一度目は自分に自信がなく、面接でしっかりした受け答えができずに落ちてしまいました。

そこで、少し視座をあげて「校長だったらどう考えるか、どう行動するか」という視点で学校評価や学校経営にかかわるようにし、迎えた二回目の試験では合格しました。その後、副校長を3年間勤めてから校長になりました。副校長になったときに、「3年後には校長になる」と自分で決めていました。そして、本当に3年でそうなったのです。

実は、副校長のときにすでに「こんな学校にしたい」という明確なビジョンがありました。

実は、それまでに勤めたどの学校も、職員室の雰囲気がギスギスしていました。初任校は、職員室が完全に2つに分かれていました。分断していたのです。その後勤めたどの学校もみんな人間関係が悪く、苦しんでいる人がたくさんいました。私もまた苦しむことがありました。学校の人間関係で苦しむ人が多いということを実感していたので、皆が働きやすい職場をつくる、それがあってこそ子どもたちも安心して過ごせる……そんな学校をつくることが一番大事なのではないかと思いました。

「学校にかかわるすべての人が幸せになれる学校をつくる」を、自分のビジョンとして掲げていたのです。

しかし、校長試験のときにそんなことを言っても採用されないかもしれません。ですから試験では、「学力向上のために、自分でどんなプランをつくって、どんな学校づくりをするか」、そして「ESDを横浜市に広げていくためのモデルとなる学校をつくる」（これはまんざら嘘ではありません。実際にそうなっていきました）ということを面接官に伝えて、合格しました。

本心は、「いかにみんなが幸せになる学校づくりをするか」です。まさにESDがそれを実現するための一番大事な考え方になったのだと思っています。みんなが安心して穏やかに過ごせる学校にするために、自分は「つなぐ」役目をしたいと思っていました。

教職員の幸せは子どもにも伝染します。職員室が教室に直結しますから、職員室の雰囲気が悪ければ教室の雰囲気も悪くなります。職員室の雰囲気をよくすることが教育の環境には一番大事なのです。そして職員室の雰囲気をよくすることが、校長の役目だと思っていました。

職員室を幸せにすることは、その学校環境をよくするための一番の肝です。「いたくない職員室」「行きたくない職員室」「自分の言いたいことが言えない職員室」ではなく、「そこにいることによって自分の存在感がちゃんと認められる職員室」「そこに入ると、お互いを認め合える職員室」「言いたいことを言える、やりたいことをやれる職員室」にすると、きっと教室でも、子どもたちが言いたいことを言え、やりたいことをやれるような環境になっていくのではないでしょうか。

教職員同士がよい関係であれば、教室で子どもたち同士もよい関係になるし、教職員が職員室でつらい思いをしているとしたら、それは子どもたちに向けられてしまい、よい影響を与えることにはならないだろうと、いつも思っていました。職員室環境がそのまま教室環境に直結しているのです。

ケア（癒やし）のあふれる学校

「ケア（癒やし）のあふれる学校をつくること」

私が校長になったときに掲げた目標の一つです。

学校には多くの人が集います。子どもと子ども、大人と大人、大人と子どもの関係性が最も重要な学校づくりの土壌となります。ケアのあふれる学校であれば、子どもたちは学校に来るのが楽しみになり、教職員は安心して働くことができ、保護者は学校に不安なく子どもを送り出すことができます。さらには地域や外部の方々は快く協力してくれるようになります。

ケアのあふれる学校には、子どもたちや教職員に会うのが楽しみで、期待と希望が持てるので、より多くの人が集まるようになるのです。個別化や分断化が進み、カリキュラムが過剰になり、子どもも先生も元気を失っている今、ケアは学校づくりにおいて、とても大切な視点になっているのではないでしょうか。

ケアという言葉を学校で使うようになったのは、つい最近のことだと思います。また、その意味や使い方もさまざまで、けっして多くの学校関係者に認知されている言葉ではありません。

私は、まず職員室におけるケアについて考えてきました。それは、校長1年目に長野県にある伊那食品工業株式会社の「かんてんぱぱガーデン」を訪れ、塚越寛社長（当時）のお話に大きな影響を受けたからです（くわしくは、拙著『カラフルな学校づくり』をご覧ください）。

学校では、日々さまざまな問題が起こります。その問題の一番の原因は人間関係です。人間関係を整えるのにもケアは大切です。

ケアの大事な方法は、人と人とがしっかり向き合い、話をよく聴き合い、信頼して任せることだと思います。「誰一人取り残さない」と言いながら、人の考えを否定したり、人と比べて貶めたり、簡単に人を切り捨てたり、除外したりしている場面を見ることがよくあります。そんな場所では、人は安心して自分の考えを話せません。居心地が悪く、自分に自信を持てず、逃げ出してしまいたくなります。そんななかでじっと我慢して目立たないようにしている人もいるのかもしれません。

まずお互いの存在をリスペクトすること。そして人の意見を聴くときは、自分と同じ考えだけを受け容れるのではなく、自分と違う考えや意見も受容し、違うことを認めていくことが必要です。その前提で議論をしていくことで、公正で持続可能な場所になっていきます。

そうすると、子どもも大人も自身の自尊感情の芯を少しずつ取り戻していきます。次第に、悪口や陰口を言わなくなり、対話ができるようになります。これを私は「橋を架ける」と表現してきました。人間は知的な生き物であり、きちんと対話ができるはずです。

弱き者は自分の思いを丁寧に伝えることができず、暴力に訴えたり、言葉や態度で他者を傷つけたりします。その極みが「いじめ」のような行為です。弱き者は、自分よりもさらに弱い者を叩こうとします。そうすることで、自分の小さな自尊感情を満たそうとしますが、残念なことにそのような歪んだ優越感では心のグラスを満たすことはできません。逆にどんどんみじめな自分が顔を出します。

世の中にはやたらと好戦的な人がいます。「あいつはダメだ」「こいつはダメだ」と口にする人がいます。そんな人を見るたび、「なんて心の弱い人だろう」と思います。くれぐれも注意しておきたいのは、そういう人を畏《おそ》れ崇めてはならないということです。それは彼らをより孤独にする行為です。なぜなら、彼らは崇められるために、さらなる虚勢を張らねばならなくなるからです。本当に必要なことはケア（癒やし）なのです。ただ愛されたいだけなのに、それを言葉にできないのです。それこそが弱さです。私は、そんな子どもや大人にたくさん出会ってきました。

「正しく愛される人になってほしい」

そのために、まず「ありがとう」の言葉を伝えるようにしてみてはどうでしょう。そのように、子どもたちにも大人たちにも伝え続けたいと思います。

あなたの得意なことは何ですか

誰しも、自分の得意なこと、よさを持っているのですが、それがなかなか学校現場で発揮できていないのかもしれません。ですから、校長がそれぞれのよさをしっかりと発揮できるような学校づくりをしていく必要があります。すなわち「引き出していく」のです。

きっと、校長先生にも苦手なこともあるし得意なこともありますよね。ですから学校の中で校長自身も、自分が得意なことを発揮していけばよいのです。自分が「やりたい」と思うこと、「これが得意だ」と思うことは、どんどん率先してやっていけばよいのです。

人は、苦手なことをするのには、得意なことの何倍ものエネルギーが必要です。苦手なことを克服することはもちろん価値があることではありますが、そこにかけるエネルギーは相当なものです。職場には、仕事をするうえで誰かが苦手なことを逆に得意としている人もいますから、助け合い、補い合えばうまくいくのだと思います。

食べ物だってそうでしょう。私が嫌いなものを大好物だという人もいます。自分の得意なことを活かしていくのであれば、他の人の分までやったとしても、楽しくできるし、疲れません。みんなが自分の苦手を手放し、得意な人に任せ、人の苦手なことを引き受ければＷＩＮ-ＷＩＮです。

私は、人前で話をすることが苦手です。また本を読むことも苦手です。他の人と同じことをすること、自分のやっていることでも前と同じことをすることは好きではありません。毎回、新たに考えたり、新たにつくったりするので時間はかかりますが、自分にとっては充実感があります。学校では、自分が苦手なことは基本的に他の教職員に任せてきました。

逆に、自分は何が得意なのかと考えてみると、「話を聴くこと」が浮かびます。だから教職員の話をじっくり聴くのが、私の校長としてのあり方です。ものづくりが得意な人もいれば、人前で話すことが得意な人、授業が得意な人もいる。自分の得意なことを活かしていけばよいのです。

しかし、自分が得意だからといって、それを教職員に同じように求めてはいけません。得意なことをやっているからといって、それを人に自慢したり、「自分がこうだから他の教職員もこうしないといけない。私がこうしたんだからあなたもそうしなさい」などと言ってはいけません。自分が得意なことが相手も得意とは限りませんから。

得意なことは人それぞれです。ですから、それぞれの得意なことを活かして学校経営をしていけばよいのです。まじめな校長はまじめにコツコツとやる。コツコツとやるのが苦手でも、ちょっと違った視点で物事を見ることが得意な校長は、突拍子もないことを言い出して教職員を驚かせればよいのです。つまり、それぞれの「校長」というより、「人間としての持ち味」を生かした教育活動をすればよいと思うのです。

そして、教職員がしてくれれば「ありがとう」と感謝しましょう。校長にもできないことはたくさんあります。たとえば、教職員に対して「強く言えない」と悩んでいる校長先生がいらっしゃいます。そこに引け目を感じなくてもいいのです。そんな自分を否定する必要はありません。人は人、自分は自分でしかありません。自分は自分らしくいることが一番幸せなのです。

「隣の芝生は青い」です。「隣の学校の校長先生は、立派ですごいリーダーシップを発揮される人だ」「あの校長先生は、校長会でもいつもしっかり建設的な意見をおっしゃっている。自分はあんなにしっかり話せないなぁ」「あの校長先生は、どんどん学校を変えていく力のある人だ。自分にはそんな自信はない。情けないなぁ」……そんなことを思う必要はありません。どんな人だって「隣の芝生は青い」のです。

大切なのは、「自分のところの芝生が青ければいい」、ただそれだけです。隣の芝生は青いけれど、それはそれで全然かまいません。自分のところの芝生も青くしようと思ってやっていけばよいのです。自分や教職員が得意なことを発揮して、青くすればいいのですし、もっと言えば、青くなくてもいいのかもしれません。紫でも赤でも水色でも、それぞれの学校の芝生が、カラフルであればよいのではないでしょうか。

教職員にどう接すればよいと思っていますか

教職員にとって、「校長先生がどんなことを話してくるか」「自分にどう接してくるか」は、とても重大なことです。ですから校長が教職員にどう接するかは、とても大事なことなのです。

私はいつも、機嫌よくしています。そして常に暇そうにしています。そうやって、教職員が私に話しかけやすいようにしているのです。なぜなら、私自身が教職員からいろいろな話を聞きたいですし、教職員のことを知りたいですし、わかりたいからです。

校長が、教職員のことをわかっていないと、学校経営はうまくいきません。教職員の意見をちゃんと聞かないと、うまくいきません。学校経営といっても、実際に動くのは教職員なのですから。校長の一存では学校経営はできないのです。

校長がよかれと思ってやっていることが、実は教職員にとってマイナスになりかねない、ということもあり得ます。ですから教職員のことをしっかり頭の中に入れてから、リーダーとしてよいスタートを切ってください。

校長がよかれと思ってやってしまいがちだけれども、マイナス要因を生んでしまう2つのパターンがあります。

①アドバイスをする

②「優秀だ」と見込んだ教職員により多くの仕事を頼む

①のアドバイスは、もちろん、絶対にやってはいけないということではありません。しかし、アドバイスをずっとし続けていると、大きな弊害が生まれてくる可能性が非常に高いと思います。

まず、アドバイスをしてもらうのが当たり前になった結果、指示待ちの教職員が育ちやすくなります。教職員がいったん指示待ちになってしまうと、校長は常に指示を出さなければいけません。そうすると、教職員はいつまでたっても目の前の業務に追われてしまう状況から抜け出せず、現状維持で手いっぱいになってしまいます。このような状況が当たり前になると、変わることのできないチームとなってしまいます。

アドバイスも時には必要ですが、主体的な教職員を育てるにはアドバイス中心ではなく、教職員が自分で「動きたい」と思えるような対話スキルや環境づくりが、校長には必要です。

そして②の優秀な教職員にたくさん仕事をさせるというのは、「優秀だからたくさん仕事を頼んでも大丈夫だろう」と期待してそうしているのだとしたら、少し危険です。優秀だと見られている教職員の多くは、周囲の期待に応えようと必死にがんばろうとします。オーバーワークになってしまっても、優秀であるがゆえに「自分はできるからこそ任されている」と、自分に発破をかけてがんばり通します。

そう思うこと自体は悪くないのですが、任された教職員は知らず知らずのうちにストレスを溜め込んでしまいがちです。校長が、この状況を理解していないと、その教職員は自分でストレスを抱え込んでしまい、ある日緊張の糸がプツリと切れて休職したり、悪くすると退職したりしかねません。

このような状況を防ぐためにも校長に必要なのは、優秀な教職員の本音を引き出せる対話スキルであり、その環境です。単に「大丈夫?」と声をかけたり、教職員の言葉に耳を傾けたりするだけでは十分ではありません。優秀な教職員が発する表向きの言葉ではなく、心の内にある本音を引き出して、その本音に理解を示すことです。

本音を引き出すのに必要なのは、安心感です。安心感が得られれば、その教職員は同僚や校長を信頼し、自己開示もできるようになります。ここで言う自己開示とは、自分の弱い部分も含めた自己開示です。言葉を換えると、「全体性を発揮できている」ということです。全体性が発揮できていれば、教職員は安心して仕事に集中できますし、業務の選択と集中について同僚と相談しながら進められるようにもなります。

とはいえ、教職員も十人十色、みんな違います。多様でいろいろな個性を持った人がいます。校長は、その個性に振り回されることなく、相手の主体的な行動を促したり相手の本音を引き出したりして、自己開示できるように変化を促すことが大切です。

校長のリフレクション

校長自身も、自分がしたこと、していることをふり返ることが大事です。自分が今していることに対して、常に自分で「本当にこれでいいのかな」と考えることが必要です。

校長がしていることは、学校で教職員や子どもたちに対して少なからず影響があるのですから、「これは本当に今やるべきことなのか。現状から考えて、本当にそれでよいのか」を常に考えるのです。そうしないと、独りよがりになってしまい、結果的に教職員から信頼が得られません。

ですから校長には「ふり返り、内省する」ことが欠かせません。そのために、ひとりで考える場として「校長室」があるのです。ひとり校長室でじっくりふり返り、自分に問いかけるのです。ぼんやり考えるのもいいですし、ホワイトボードに書き出してみたり、ワークシートを使ったりする方法もあります。

私は、自分が大切にしていること、自分の軸を常に確認し、それがぶれていないかをふり返るために、書き出したり、誰かに話したりして言語化するようにしています。また、一日をモニタリングするシートで自分の一日を見える化し、大切にしたいことを本当に大切にできているか（時間が確保されているか）を見直すようにしています。具体的には、出勤から退勤まで自分が何をしているか、「一日時計」に書いていきます**（資料1）**。次に、プライベートの時間に何をしているかを書きます。そして大切にしていることが確保されていなければ、時間を生み出す工夫を考えます。自分の気持ちを安定させ、機嫌よく過ごすために効果的です。

マンダラートを使って、自分のあり方を自己分析し、学校経営方針の改善の視点についてふり返ってみることも効果的です**（資料2）**。たとえば、自己分析する視点として、「校長として実現したいこと」「自分の長所」「理想の校長とは」「なぜ校長に

【大切なことに時間は使えているか？　チェックしてみましょう】

自分の一日を見える化し、大切にしたい時間が確保できているかどうか見直してみましょう。
＜記入の順番＞
①出勤から退勤までの時間に何をしているか
②プライベートの時間に何をしているか
大切にしたいことをする時間が確保できていなかったら、時間を生み出す工夫を考えます。

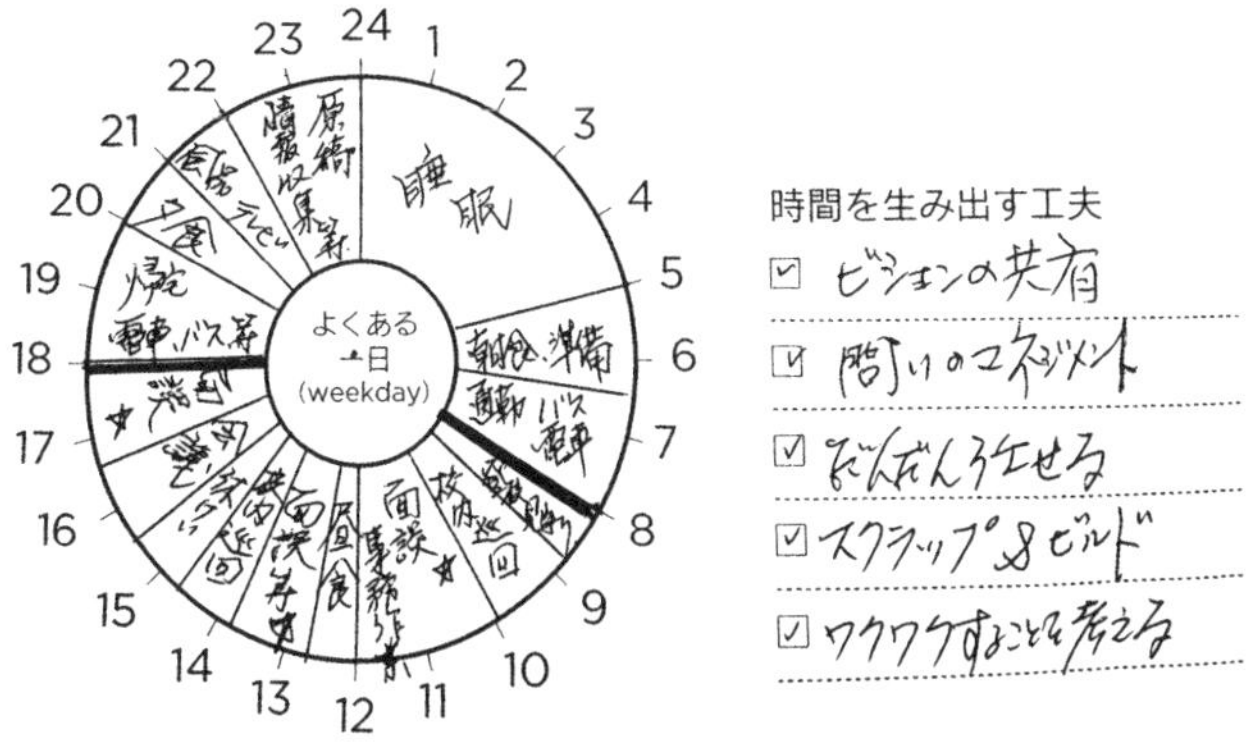

資料1　1日時計

なったのか」「自分の短所」「印象に残っている児童・生徒」「印象に残っている同僚・先輩・後輩」「教員になったきっかけ」「副業するとしたら何をする」などはどうでしょう。

また、学校経営の改善では、「組織力が向上する人材育成」「持続可能な教職員の働き方」「社会に開かれた教育課程」「危機管理・リスクマネジメント」「主体的・対話的で深い学び」「GIGAスクール／ICT」「地域などとの連携」「ESD／SDGs」などが考えられます。自分のイメージを膨らませながら、これまでをふり返り、ワクワク感を持って取り組めるとよいです。

また、教職員とのかかわり方についても、ふり返りができるとよいと思います。校長が何か話すとそれが答えになって、誰も考えなくなるということも、気にかけておく必要があります。自分がどんなことを話し、どんなかかわり方をし、どんな行動をし、どんな表情でいて、どんな雰囲気をかもし出しているのか、そんなことをときどきふり返ってみることです。

校長室でひとりゆっくり考えてみるのもいいですし、副校長・教頭と対話しながら、また何人かでグループワークをするなどもよいでしょう。自分自身のふり返りを通し

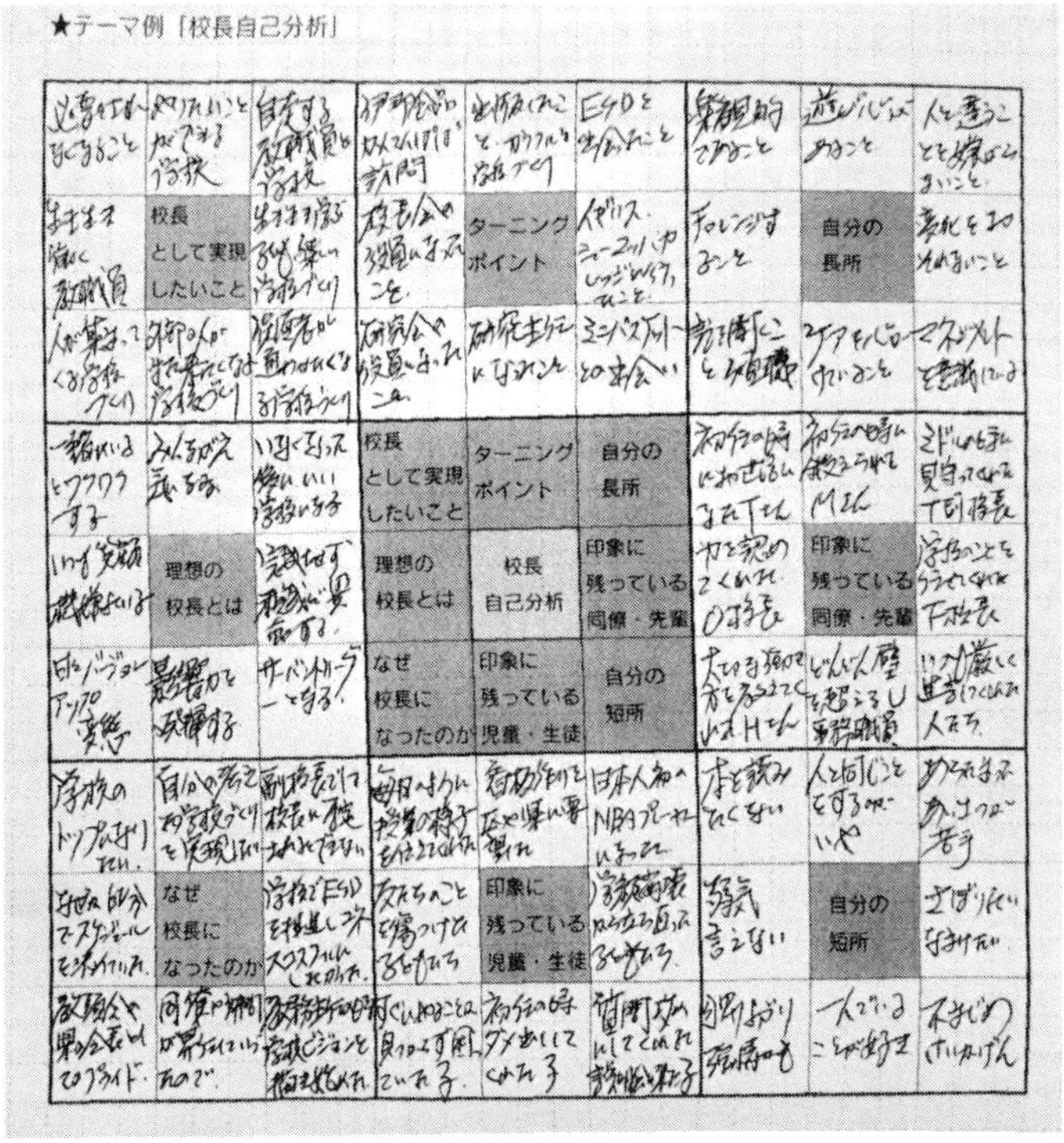
★テーマ例「校長自己分析」
校長として実現したいこと
ターニングポイント
自分の長所
理想の校長とは
校長自己分析
印象に残っている同僚・先輩
なぜ校長になったのか
印象に残っている児童・生徒
自分の短所

資料2　マンダラート

て、次の校長候補やいずれ校長になる人と「校長」について考えるのも、楽しい時間になるかもしれません。

「校長のリーダーシップ」とは

校長が抱えている「リーダーシップ」についての悩み

講演会のあとにいただいたコメントをご紹介します。

「校長のリーダーシップ」という言葉をとても重く感じていましたが、自分ができることを自分のやり方で目標に向かってやっていけばいいんだと思いました。「自分を知ること」で周りがもっと見えてくるし、相手に問うことで互いが信頼するようになり、徐々に自立した教職員になっていくのだろうと、自分を問い直すよい機会になりました。

大切なのは、「自分を知ること」、そして「自分らしいリーダーシップをとること」

という言葉に、納得と勇気をもらいました。

校長として2年目。他校のすばらしい校長先生方に触れるたびに、自分はリーダーシップをとれているのかと悩むことが多かったのですが、先生のお話を聴いて、自分は、サーバント型のリーダーシップが向いているのかもと、前向きの気づきをいただきました。

だから、リーダーシップを発揮しなくてよいとは思いません。先生から教えていただいた、そして、私なりのリーダーシップを発揮して、先生方の幸せと、子どもたちの幸せをつくることができるように努めていきたいと思います。

校長のリーダーシップとよくいわれます。何がリーダーシップなのかと考えます。有事のときは所属の長として、焦らず、慌てず、毅然とした態度が大切だと思っています。日頃は人材育成、組織育成など、自分が陣頭指揮をとったり表に出たりするのではなく、成長方向に向かう力を職員に持たせていくことが必要ではないかと感じました。日々いろいろなことがありますが、私は一日が終わるときに風呂の中で今日も幸せであったことに感謝し、幸福をかみしめています。教職員が幸せになることが、子どもたちの幸せになることをあらためて実感することができました。

リーダーシップというと、どんなことをイメージしますか？

「校長の強いリーダーシップを発揮して実現してください」と言われて、「がんばらないと」「教職員にやらせないと」「ちょっと強引になっても進めないと」「動かすように強く言わないと」などと、自分に発破をかけ、無理をしている校長先生もいるのではないでしょうか。

リーダーシップとは、「発揮する」ものではなく「とる」ものです。それは、人としての資質や能力、努力ではなく行動を意味するからです。能力ではなく行動ですから、「リーダーシップを発揮する」ではなく、「リーダーシップをとる」だと思うのです。

ですから、やってみなければわからないというのが、リーダーシップかもしれません。たとえば、自転車に乗りたいと思って、本を何冊読んでも乗れるようにはなりませんよね。自転車に乗れるようになるためには、やってみること――リーダーシップというのはそういう行動なのだと思います。

予測不可能な時代と言われる現代に求められているのは、答えのない問いに立ち向かい、ビジョンを描き、課題を設定して、組織が前進できるように、人が動けるようにする行動であり、それがリーダーシップと言えるでしょう。

それでは、リーダーシップをとるために最も効果的な行動は何でしょう?

校長のリーダーシップで大切なことは、自分に合ったリーダーシップをとることです。

以前は、私が実践しているサーバントリーダーシップをお勧めしていたのですが、今では「それもひとつの型に過ぎない」と思うようになりました。型にはめるのが私の本来の願いではありませんので、校長先生一人ひとりが自分の考えをきちんと持って、自分に合ったリーダーシップをとることが大切だと思います。

研修では、「みなさんが行っているリーダーシップが自分に合っていると思えば、そのままでいいのです。ただし、そのリーダーシップの基盤には、ケアと承認、そして感謝を忘れないようにしてください」とお伝えしています。

自分に合わないリーダーシップを無理にとっていると、その人自身のストレスになってしまいます。なかには自分に合ったリーダーシップが見つけられなくて、悩んでしまう人も多いようです。校長も自分らしく。校長のリーダーシップというのは、本来は自分らしくいることが大切です。

自分らしさとは、どんなものでしょうか。それは、自分がきちんと自分の考えを持ってやることができること、自分はどうしたいか、自分はどうありたいか、常に自分に問い続けることです。

また、リーダーシップとは謙虚さでもあります。黒子や脇役のように、自分が前面に出ないことです。「自分よりもみんなが優れている」と考えて、教職員をリスペクトします。

しかし、学校という狭い世界に居続けた人のなかには、「自分が一番上なんだ」とお山の大将になってしまう人もいます。学校の中にだけずっといると、わからなくなるのです。外とつながらず、自分の経験に頼り、周りの人とのかかわりを持たず、外から来るものも受け入れなければ、お山の大将のままでいられて楽かもしれませんが、それではけっして幸せになれません。

外から学び、他者から学び、そして過去から学ぶことです。過去とのつながりから も、私たちは大きく学べます。先人は、私たちと同じような悩みをすでに乗り越え、その教えを私たちに伝えてくれています。**「愚者は経験に学び、賢者は歴史に学ぶ」**というオットー・ビスマルクの言葉があります。謙虚に学び、謙虚なリーダーシップをとってみてはいかがでしょうか。

動かないのもリーダー

リーダーは簡単に動いてはいけません。とくに学校のリーダーである校長が率先して動くと、校長自身は満足感を得られ、安心していられますし、周囲からも「校長先生がよく動いてしっかりやってくれていて助かります」と評価もされます。

しかし、それを校長がしてはいけないと思います。視座を高く持って、順調に進んでいるかどうかを把握し、人的な配置は適切かと考え、決めていくことこそが校長の大切な仕事です。

自分が動かないでいると、最初は後ろめたさも感じるでしょうけれど、そこで動いてしまうと全体を見ることができません。それでは、組織の状態を正確に見て、フィードバックするという、校長本来の仕事ができないのです。

私は、そのことをミニバスケットボールの監督をしているときに感じていました。監督が、自分がプレーしたいからと、子どものなかに入って一緒に楽しんでいては、全体の動きや個々の選手の配置、よいプレー、ミスが起こった原因などの細かなポイントを見逃してしまうのです。子ども相手にバスケットをやっていると楽しいですし、満足も得られますが、肝心のチームを強くするためのフィードバックができないのです。リーダーは、けっして中に入って動いたり、一緒に活動したりしてはいけないのです。そのことを、私は身をもって感じました。その後、校長になってからも、バスケットを教えていたころの教訓が役立ったと思います。

強いリーダーには、みんなが依存します。教職員を飛び越えて何でも子どもにかかわり、保護者にかかわるリーダーがいます。それは、教職員の邪魔をするリーダーです。そんなリーダーなら、いない方がましです。

学校は、今まで変わってこなかったわけではありませんが、これからは、「学校の変え方」を変えなくてはならないのだと思います。過去をふり返りながら今をどう変えるかではなく、未来をどう変えるかという考え方です。学校が、今の社会の変化を鋭くキャッチして、これから先の未来を生きる子どもたちに何が必要かを考えながら変わっていく——そのような変わり方をしていかないと、社会の変化のスピードについていけません。

ですから、未来を見据えて変わり続けることが今の学校には必要です。過去からも学び、現在の社会の状況も常にキャッチし、さらにこれから先の未来を見通すということが、今の学校リーダーには求められるのです。

そうなるとやはり、学校のリーダーである校長は、学校に閉じこもらず、率先して学校の外とつながり、社会の変化に敏感になっていく必要があります。そのためにアンテナを高くしておきたいです。

また校長が、今までの自分のあり方を見直して、自分自身で変化し続けることが大切です。校長が自分のあり方を常にバージョンアップしていくことが、結果的に学校の未来をつくる土壌になっていきます。

ですから、校長は閉じこもらず、外に出ましょう。それを私は「変態校長」と呼びました。蛹のように学校に閉じこもって狭い価値観で判断せず、蝶となって外に出て、いろいろな価値観に出会い、判断のよりどころを多く手に入れることです。

異端が教育を変え、変態が社会を変えます。「異端・変態校長」であれば、最強ですね。

校長が教職員に及ぼす影響

校長になると、「こうでなければいけない」という思いが強くなります。「校長は強くなければいけない」「先生たちをきちんと指導しなければいけない」「掌握しなければいけない」などなど。そういう考えを持って校長になっている人が多いと思います。

ですが、そんなことばかりを考えて校長をしていると、「ねばならない」とか、「こうするべきだ」ということにとらわれてしまって、実際に目の前にいる教職員の実態に合わないようなこともやってしまうことがあります。そうすると、校長が「こうすべき」と言ったことが、教職員にとってはたいへんな負担になってしまいます。

校長に本当に必要なことは、「今やっていることが、目の前にいる教職員に合っているのかどうか」「自校に合ったやり方は、どういうものか」を考えて、教職員と接することなのです。そうしないと教職員の信頼を得ることができず、どんどん校長と教職員の距離が離れていってしまいます。それでは逆効果です。

校長自身も、自分がやりたいことはあると思いますが、自分がやりたいことを実現するためには、教職員の協力を得なければなりません。そして教職員の協力を得るためには、ベースとなる信頼関係が必要となります。なぜなら、校長が一人で学校経営や学校づくりをしているわけではないからです。

どんなカリスマ校長でも、どんなに頭のいい優秀な校長でも、教職員がただただその指示に従っているだけでは、やはり学校はよくなりませんし、思ったとおりにはならないのです。どんな校長でも、すべて自分の思いどおりに事を進めようとすれば、どんどん人の心が離れていくのです。

「校長先生は、自分たちのことを気にかけてくれている」「自分たちのことを本当に考えてくれている」と教職員が思わなければ、校長が思うような学校づくりはできないのです。

しかし、校長にも理想や熱い思いがあります。それを出してはいけない、我慢しないといけない、ということではありません。ではどうするかというと、校長はビジョンを示し、教職員と共有するのです。

その際、「こうしないといけない」「こうするべきだ」とビジョンを押しつけては、教職員に伝わりません。教職員が校長のビジョンを自分たちのビジョンだと思えるように、校長自身がきちんと説明し、教職員同士が共有できるワークショップのような場をつくっていく必要があります。

ワークショップの場でも、「こういうビジョンがあるから、教職員はこうするべきだ」と言わないことです。ビジョンとは、みんなで達成して実現していこうとして描かれたものです。「校長のビジョンのためにみんなが働く」「校長のビジョンを実現するためにみんなががんばる」というものではないのです。

ですから、校長がまずビジョンを示し、それが「みんなのビジョン」になるためにはどうすればよいかを考えていくことが、校長の「学校経営の第一歩」となります。

校長の中にあるビジョンを、教職員が共感し、「やりたい」「やってみよう」と思える状態にどう持っていくかが肝心です。教職員が自分ごととして受け止めなければ、本気になれません。教職員が、「校長が考えたことだ」「校長がやりたいだけだ」と思っている限りは、自分ごとにならず、結局本気にはなれないのです。それをどう教職員に自分ごとにしてもらうかが大事なところです。

では、どうすればよいでしょうか？

それは、教職員に自分たちがやりたいことを語ってもらうことです。その教職員がやりたいことと校長が描いているビジョンの接点を見つけて、それをきちんと教職員に伝えていくことが必要です。

教職員に必要とされない人になる

よく考えてみると、不思議なことがあります。

校長になって何年か経った頃から、講演や研修講師の依頼、教育雑誌や新聞の原稿依頼をいただくようになり、４冊の単著も刊行しました。講演や研修に行くと、「全国的に有名な校長」「目標とする校長」などとご紹介いただきます。

でも、何かおかしいと思います。確かにカリスマ校長と言われる人はいて、すばらしい実践をされていたり、驚くほど先進的な考えで学校改革をされていたりします。一方、私は、自分の学校経営をふり返ったとき、何もしてこなかったような気がするのです。

横浜市は校長の一校あたりの在任期間が長く、私は12年間で2校の校長を務めました。どちらもとてもいい学校でした。子どもたち、教職員、保護者、地域など多くの方々に支えられて過ごしてきました。教室では子どもが主役で先生は脇役。職員室では教職員が主役で校長は脇役です。私が「カラフルな学校づくり」と言い始めたのは、自分の色を学校に残したくなかったからです。自分色に染めて「完成しました」とは言いたくありませんでした。

校長が主役になっているような学校経営はやりたくなく、できるだけ脇役でいられるように努めてきました。そのような私のあり方を、大学の先生たちは「サーバントリーダーシップというのだ」と教えてくれました。それ以来、自分のことを「サーバントリーダー」と自称するようになりました。ですから、サーバントリーダーになりたくてなったわけではないのです。

学校行事や職員会議、研究会、地域の行事等で、校長先生自ら先頭に立って「もっとこうしろ。こうやった方がいい。そんなやり方ではだめだ。もういい、自分がやるから見ていろ」と、教職員に指示や命令を出したがる方もいます。それでうまくいけば教職員と一緒に喜び、うまくいかなければ教職員のせいにして機嫌が悪くなる――そんな校長先生を見てきましたから、自分はそんな校長にはならないようにしようと思っていました。

できれば学校行事や職員会議、研究会等には参加せず、教職員に任せておきたいと思っていましたし、2年目からは実際にそういうことも多かったです。副校長や教務主任等とは打ち合わせや対話の場を多く持っていましたが、指示や命令を出すのではなく、提案や質問をしたり、話を聞くことが主でした。白か黒かをはっきりさせるということではなく、果てしなく広いグレーのなかから答えを見つけようと、みんなで対話し続けました。

そして、そんななかでもできるだけ存在感を消すようにしていました。「校長先生が言ったから」「校長先生のおかげで」なんてことは言われたくありませんでした。教職員には、自ら成長し、自ら行動できる力があります。校長はそのお助け役でしかないのです。ですから、私は校長としてあまりやることがありませんでした。校長ががんばらない方がうまくいくのかもしれません。

学校の教職員は、いつも自走していましたから、とにかく私は校長らしいことを何もしていなかったかもしれません。指示したり命令したりせず、12年間、本当に一度も誰かを叱ることなく校長職を終えました。「自分が必要とされないこと」を学校経営で一番大切にしてきたかもしれません。

そうしたら、自分で考え、判断し、自走する組織になったのです。これは不思議なことでしょうか。

「自分ならこうする」と言わない

「校長は教職員の話を聴くことが大切だ」とよく言われますが、なかには話を最後までちゃんと聴くことができない方もいます。それは、今までのご自身の経験や成功体験があるからです。

相談に来た教職員の話を聞いている途中で、答えやアドバイスが頭に浮かんできます。そうすると話を最後まで聞かずに、「こうした方がいいよ」「こういうときには、自分はこうしたよ」「○○先生にはこんな話をしたらうまくいったから、やってみたら」とつい我慢できずに言ってしまうのです。

相談に来た教職員にとっては、確かに参考にはなるでしょうけれど、自分で自分の答えを見つけることはできません。結局「校長先生に言われたことをやらなければならない」と思い、言われたとおりにやろうとします。

そういうことを続けていると、何か問題が起こったときに「校長先生に聞いて、校長先生が持っている答えをもとにして対応しないといけない」というマインドに必ずなります。これが「指示待ち・思考停止」の教職員を生み出す原因です。それでは、その先生が本当の意味で「育った」とは言えません。

校長の仕事は、人が「育つ」ことを助けることです。人が「育つ」環境やきっかけをつくることです。教職員は、校長がコントロールして、言ったことをやらせることによって育つのではありません。

「校長先生ならどうしますか？」と教職員から聞かれたときは、「私は以前、こうした経験があります」と答えたとしても、それに続けて「では、あなただったらどうしますか？」、あるいは「あなたはどうしたいと思っていますか？」と聞くことを忘れてはなりません。

過去の経験を言いっ放しにしてしまうことが多いですが、人は問われれば考えますし、自分で答えを見つけようとします。自分の答えを見つけて試行錯誤しながら実現していくことによって、人は育つのです。

もちろん、教職員は問いかけられてすぐに全員が育つわけではありません。ときに「それで大丈夫だろうか？」「このままだと失敗するかも」ということもあるでしょう。そんなときは、校長が「もっと考えられることはないですか？」「それをやってみたら、どうなると思いますか？」とさらに問いかけるのです。

そうやって問い続けながら、本人が考えるようにして、最後には自分で答えを見つけ出すかかわり方によって、教職員が育ちます。

学校事務職員研修の後、こんな感想をいただきました。

お話をうかがって、新任事務職員の皆様にとくに大切にしていただきたい「自分の強みを生かしたリーダーシップをとってほしい」ということに共感しました。

私自身、事務職員としてどのようなことをすればよいのか、ずっと悩み続けていた経験があります。私は、サーバントリーダーシップを発揮して学校にいるすべての教職員に奉仕して信頼を得ることで働きやすい環境を構築しています。とくに私の強みとして、常に「丁寧な説明責任を笑顔で提供することで他者も笑顔にする」、そして周りにいるすべての人を幸せにすることを目的としています。教職員に笑顔で出勤していただき、笑顔で退勤していただく。教職員のモチベーションを上げることで、子どもたちも笑顔で幸せにすることができるからです。

私は、教職員の幸せの法則として下記を考えています。

①目的を持つこと
②感謝の心を持つこと
③自分が楽しむのではなく、相手を楽しませること

この3つを達成したときに「幸せ」にすることができると考えています。

このようなリーダーシップをとっている学校事務職員もいます。学校事務職員のリーダーシップから学ぶことも大切なことです。

2章

「幸せ」な校長になろう

「機嫌のいい」校長に

手を止めて話を聴く

先ほどもお伝えしましたが、忙しくてもいつも暇そうに見せましょう。そうしないと、教職員は遠慮して声をかけてこなくなったり、相談してこなくなったりします。いつも忙しく働いていることを周囲にアピールして、近寄りがたい雰囲気を出すことが必要だと思っている校長先生もいるかもしれませんが、それはけっしていいことではありません。そんなことをしていたら、望みどおり誰も近寄ってきませんし、それでは学校経営はうまくいきません。

いくら忙しくても、教職員といる時間は、自分のためではなく教職員のための時間だと思っておけばよいのです。ですから、教職員が話したそうにしていたり、近づいてくる気配を感じたりしたときは、手を止めて話を聴く雰囲気をつくっておくことが大切です。

そして、実際に声をかけてくれたときは、いつでも快く受けて、話を聴くことです。そのとき、できれば校長は自分のパソコンから離れて、相談に来た教職員に近づいて話を聴いたり、2人で別のテーブルに移動して話を聴いたりするのがよいです。自分が仕事をしていた場所でパソコンを開いたままだと、どうしても仕事の途中のモニターが気になって、話を聴くことが疎かになってしまいます。

私は、校長室にハイテーブルを入れ、そこまで移動して話を聴くようにしていました。また、校長室にハンモックを設置して、ゆれながら話を聴くこともありました**（写真1）**。どんなに忙しくても、自分のために時間をとって、丁寧に話を聞いてくれる校長先生を嫌いになる人はいません。

「対話」とは

研修会のあとでいただいたコメントです。

「どうやって相手が主導権を持つか」、これは今まで思ってもみなかった言葉です。正直、どうやって自分が主導権をとって、こちらの意図を伝えようかと考えていました。相手に語ってもらい、引き出すような対話を心がけたいです。

コメントにお答えするならば、それは問いを発して教職員の考えを引き出すことです。教職員から主に話をしてもらって、自分は聴き役になり、主導権を教職員に渡すことです。

校長に「対話をしましょう」と言われても、校長が自分のことばかり話していたら教職員は嫌になりますよね。でも、誰でも自分のことを中心に考えていますから、意識しなければ自分のことをたくさん話してしまいます。自分が主語の話になるのです。対話をするためには、相手を主語にすることです。相手に話してもらい、自分はそれをしっかり聴きます。そのためには、その人に関心をもって、その人のことをよく知ることが必要です。自分を知ることも大事ですが、引き出す問いを発するためには、その教職員のことをよく知ることです。

写真1　校長室のハンモック

その教職員のことを知るためには、話を聴くこと、していることをよく見ること、書いていることをよく読むこと、いろいろな立場の人にその教職員についての話を聴いてみることが大切です。その人に主導権を渡して、その人からいろいろな話を聴いて、その人の力を最大限に発揮できるようにしていきましょう。

ですから、対話というものは、「話し合い」というよりも、どちらかと言えば「聴き合い」を重視することが必要だと思っています。

先ほどもお話ししましたが、よく知っている大学の先生から、「住田先生の学校経営手法は、サーバントリーダーシップですね」と言われたことがあります。

サーバントリーダーシップとは、「リーダーはまず相手に奉仕し、その後相手を導くものである」という考えのもとに生まれた支援型リーダーシップを表します。トップダウン型のリーダーシップとはまったく異なり、双方のコミュニケーションによって組織が活性化する運営手法として注目を集めています。

校長は、何でもできるスーパーマンのような存在である必要はありません。サーバントリーダーシップの神髄は、自己開示し、自分がどんな人なのかをわかってもらったうえで、現場の声に耳を傾け、フィードバックや対話を地道に重ね続けていくこと。何か特別なことをするわけではありません。


管理職になってから15年続けた、教職員から毎週提出される「週案」へのコメントも、教職員との「対話」のひとつです。

週案のコメント欄に、授業についての悩みや自身の悩みなどを書いてきた教職員に対して、そのつど私の考えを記して返し、折をみて話をしたり、必要に応じて参考になりそうな資料を提示したりしてきました。子どもの成長の様子やそれに対する自分の気持ち、自分が挑戦していること、挑戦してみたいことなどを書いてくれる教職員もいます。それを機に学校内で新たな取り組みが始まったり、人間関係が深まったりすることもあります。

コメントを書かない教職員に対しても、私からひとこと記すことで、対話が生まれることもあります。教職員は日々忙しく、毎日会話する機会がないからこそ、週案を通して全教職員の教育活動だけでなく、思いや悩みを把握し、フィードバックしてきました。私と教職員との大切なコミュニケーションツールだと思っています。

ご機嫌マネジメント

また講演の感想です。

講演の最後に、ゲーテのことば「**人間の最大の罪は不機嫌である**」を紹介されました。不機嫌は伝染するというフレーズが、自分にとっても周囲を見ていてもあまりにも思い当たることが多すぎて、これこそ教訓にしなければと思いました。「不機嫌」が減っていくと「明るい教職員」が増え、明るい社会になっていくのかもしれません。このことは校内で共有すべき点だと強く思いました。

これほど現実味を帯びた共感を得るとは思いませんでした。

この方の周りは、不機嫌な人ばかりなんですね。それではちょっと過ごしづらいですね。職場もギスギスしているのではないでしょうか。

他の講演や研修会でも、このゲーテの名言はみなさんの心に残るようです。ある校長会では、私の話のあとのふり返り会で、「どうしたら機嫌よくいられるのか?」についてみなさんで話し合われたそうです。

人にとって「機嫌のよさ」というのは、予想以上に重要なスキルなのかもしれません。ご機嫌マネジメントがもたらす影響はたいへん大きいと思いますし、考えられないような力もあるのでしょう。

実は、私の再任用校長採用試験の、面接での答えは、いつも「機嫌よくしています」でした。

面接官「住田先生が、学校経営で大切にされてきたことは何ですか?　また、これからの学校経営で大事だと思うことは何ですか？」
私「はい、機嫌よくすることです！」
という具合です。
面接官「それだけですか？」
私「はい、それだけです。それすらできずに教職員を苦しめている校長がいます。機嫌よくできるだけでも大したものだと思います。私が機嫌よくしていることで、教職員は本当によくやってくれます。子どもたちにもいい影響が出ていますよ。いつでも見に来てください」
と答えていました。おかげさまで、機嫌よくしている「ご機嫌マネジメント」で再任用試験を毎年クリアしていました。横浜市も寛大な対応でしたね。

求心力

人と組織をうまく動かすことができれば、思うような成果を上げることができます。「人望」のある校長になるためにはさまざまな能力が求められますが、その大前提として不可欠なのが「機嫌のよさ」です。「機嫌が悪い」というだけで、どんなに実績があり、力があっても校長としては最悪と言っても過言ではありません。とはいえ、校長はストレスまみれですから、常に「機嫌よく」いるのはむずかしいものです。「人が寄ってくる」かどうか、これは、その人の力量を測るうえで非常に重要なポイントだと思います。そして、その「差」は、少し見ているだけで、残酷なまでにわかってしまいます。

ある人のもとには、次から次へとさまざまな人が近寄ってきて、雑談を楽しんだり、相談事をしたり、アドバイスを求めたりします。一方で、まるで「人を遠ざける」かのように、誰も寄りつかず、誰からも話しかけられず黙々と仕事をしている人もいます。

これは、あらゆる学校で見られる光景ではないでしょうか。職員室だけでなく、教室でも見られる光景ですので、校長に限らず、誰にとっても気にかけておかなければならないことでしょう。

「人や組織がうまく動く」ということから見ると、「人が寄ってくる」ことには大きな意味があります。自然と「人が寄ってくる」ということは、その人に「求心力」があるということだからです。

「求心力」とは、「円の中心に向かって物体に働く力」のことです。つまり、その人は、そこに座っているだけで何もしていないように見えますが、実は「円の中心」として存在していて、周囲の人々を「動かしている」と言えるわけです。すごいことですよね。座っているだけで、周りの人が動くのですから。よく言われるように、その人のあり方で、人が動いてしまうのです。

そして、とくに学校をまとめる校長にとって、この「求心力」という力は必要不可欠なものだと思います。

では、「求心力」はどうやって生まれるのでしょうか?

どうすれば「求心力」を身につけることができるでしょうか?

「求心力」を発揮するためには、まず、相談したいと思われるような人物である必要があります。話しかけやすい「雰囲気」や相談するに値する「実績」や「実力」を備えている必要があるでしょうし、相手の話に親身になって耳を傾ける「傾聴力」や、相手の心情に深く共感する「優しさ」も欠かせないでしょう。

一方で、いざというときには毅然とした決断をする「胆力」や、筋の通らない主張をする相手に対して堂々と反論する「強さ」も重要です。「頼りがい」のある人物でなければ、人は寄ってきません。こうしたさまざまな要素が渾然一体となって、「求心力」というものは醸成されていくのだと思います。

しかし、そのすべてを備えていることは現実には困難です。そもそも私自身が「求心力」を備えている自信があるわけでもありません。

ただ、「求心力」を身につけるために、最低限これだけは意識すべきと心に決めていることがあります。むしろ、先ほどあげた「実績」「実力」「傾聴力」「優しさ」「胆力」「強さ」などを備えていたとしても、これがなければ、「求心力」が育たないと言っても過言ではないと思っているものです。

それは何かというと、やはり「機嫌のよさ」です。当たり前のことですが、どんなにすばらしい力を兼ね備えていたとしても、「不機嫌な人」に寄っていきたくありませんし、積極的に話しかけようと思う人はいません。あるいは「心根の優しい人だ」と知っていたとしても、「機嫌が悪い」ときには話しかけるのを躊躇するでしょう。「顔色をうかがう」という言い方がありますが、誰だって「機嫌のよさそうな顔色」

をしている人のほうが話しかけやすいのです。

とくに、相手が校長であれば、なおさら「機嫌の良し悪し」に敏感になるのは当然です。ですから、校長として「求心力」を発揮するためには、なにはさておき「機嫌よく」いることが一番大切です。「常に機嫌よくいること」こそが、校長の一番大切なスキルだと言ってもよいと私は思っていますし、心がけて実践してきました。

まじめな管理職ほど、不機嫌になりがち？

「何をわかりきったことを言っているのか……」、そう思う人もいるかもしれません。ですが、先ほどもお伝えしたとおり、いつも機嫌よくしておくことは、実はたいへんむずかしいのです。なぜなら、校長には日常的に強度のストレスがかかっているからです。学校の「目標」「成果」「対応」の責任を持たされ、常にプレッシャーを受けていますし、さまざまな個性や能力を持つ教職員と意思疎通を図りながら、仕事を進めていくのも根気がいることです。

しかも、教職員が引き起こす突発的なトラブルにも、校長が中心になって対応し、リーダーシップをとらなければなりません。

そんな状態のなかで「いつも機嫌よく」いるのは、けっして簡単なことではありません。それどころか、校長としての責務を一生懸命に果たそうと努めるがゆえに、自分でも気がつかないうちに、イライラ・ピリピリした「不機嫌」な雰囲気を醸し出してしまっているものです。「まじめな校長ほど、不機嫌になりがち」なのかもしれません。

自分の状態を知る

では、どうすれば「機嫌よく」いられるのか？

まず第一に、「自分の状態を知る」ことです。

「いま、自分は機嫌がいいか？　悪いか？」を常にモニタリングするのです。起床時、出勤時、業務中、会議中など、ときおり自分のメンタル状況を客観的にチェックしましょう。「不機嫌」なときや「不機嫌になりそう」なときには、ひと呼吸置いて、気分を変えることを習慣づけるとよいでしょう。

また、「鏡で自分の顔をチェックする」のも有効です。不機嫌は顔に表れます。トイレで手を洗ってふと鏡に映った自分の顔を見て、「こんな不機嫌な顔でいたら、誰も話しかけてこないな」と気づくこともあるでしょう。

とくに、ストレスフルな状況に陥ったときは注意が必要です。強度のストレスがかかると、人間は簡単に視野狭窄に陥ってしまいます。「目の前の問題」に意識を集中するあまり、「不機嫌」になっている自分に気づけなくなるのです。

このようなときこそ、「いま、自分は焦っているな」「いま、自分は怒っているな」などと、自分のメンタル状況を客観視することが不可欠です。それさえできれば、ネガティブな感情にのみ込まれて、失態を演じるような事態は避けることができるでしょう。そして、ひと呼吸置いて、冷静に対処すべく心を整えることができるのです。

また、「自分の習性」を知っておくことも大事です。

「どういうときに、自分は不機嫌になるのか？」を把握するために、行動と気持ちを記録してみるのはどうでしょう。その記録をつぶさに検証することで、いくつもの「発見」があるかもしれません。自分がどんなときに機嫌が悪くなるのかを知っておくことは大事ですし、そんなときにどうすれば機嫌がよくなるのかについても知っておくと助かります。

たとえば、睡眠時間が6時間を切ると「不機嫌」になる傾向があることや、ストレスフルな状況に陥って憂さを晴らすためにお酒を飲んだ翌日に「不機嫌」になることなどがわかるかもしれません。

それならば、どんなに忙しいときでも必ず6時間以上の睡眠時間を確保するように心がけたり、ストレスが溜まったときはお酒を飲むのではなく、運動して身体を疲れさせてぐっすり眠るようにするなどの対策を考えられます。そうやって少しずつ生活習慣を変えていけば、いつも機嫌よくいられるようになるのではないでしょうか。以前と比べて「不機嫌」になることが少なくなり、教職員との関係性も改善され、学校経営にも安定感が備わってくるでしょう。

このように、「自分の習性」を客観的に把握することで、「自分の機嫌」を適切に管理することも非常に重要です。教職員や組織をマネジメントしようとする前に、まず、自分の〝機嫌〟をマネジメントできなければ、周りに悪影響を及ぼす校長になってしまいます。

次に、できるだけ〝仕事〟を手放し、教職員に任せることです。

人間は誰しも、大量の仕事を抱え込んで時間に追われると、どうしても「不機嫌」になるものです。それを精神力で抑え込もうとしても、無理があります。そんな努力をすれば、よけいに「不機嫌」になっていく悪循環に陥るだけでしょう。

責任感の強い人ほど仕事を抱え込みがちですが、その結果「不機嫌」になっているようでは〝校長失格〟と言っても過言ではありません。

ゲーテの言葉**「人間の最大の罪は不機嫌である」**を思い出してください。不機嫌は伝染します。校長の機嫌が悪いと教頭に伝染し、教頭から職員室、職員室から教室へ不機嫌が広がってしまいます。

ですから、「校長が不機嫌でいることは犯罪に近いと自覚した方がいいですよ」と、講演でよく言っています。「不機嫌な校長は早く辞めた方がいいですよ（笑）」と。

「現場業務」はできる限り手放す

私の能力など知れていますし、私がやればうまくいくという自信があるわけでもありません。あまり多くの仕事を抱え込んでしまうと、業務時間という〝限られた時間〟で「自分の仕事」を処理しきれなくなります。

ですから、できる限り「自分の仕事」を手放し、任せることにしました。もちろん、何でも全部教職員に仕事を押しつける、という意味ではありません。それでは教職員の不満が溜まり、事態は悪化するばかりです。

大事なのは、「校長と教職員の役割を明確化する」ことです。「現場の仕事」を担うのは教職員の役割ですから、校長は極力それに手を出さないほうがよいのです。校長は、教職員をサポートすることによって、チーム全体のパフォーマンスを最大化するという役割に徹するべきなのです。

教職員の仕事ぶりを見ていて、「自分だったらもっとうまくやれる」とつい手を出してしまうことがあると思いますが、その思いをぐっと堪《こら》えるようにしましょう。そして、基本的な「現場業務」は教職員に任せると腹をくくりましょう。「自分の仕事」は校長として不可欠な領域に絞り込むのです。

「現場業務」をすべて教職員に任せることに不安があるかもしれませんが、実際にそうしてしまえば不安は取り越し苦労であることを実感するのに、たいして時間はかからないと思います。

「機嫌よく」対応することができると、その結果、教職員も安心して相談してくれるようになり、コミュニケーションの「量」が増えるとともに、その「質」も高まります。しかも、教職員の多くは、「重要な仕事を任せられた」ことを意気に感じ、それまで以上に熱意を持って仕事に取り組んでくれるようになります。それを、校長が全面的にサポートすることによって、学校というチーム全体がどんどん活性化していくのです。

校長が「自分の成果」にこだわるのは本末転倒

このように、校長は「教職員との役割分担を明確にする」ことが大切です。「現場の仕事」で成果を上げるのは教職員であって、それをサポートするのが校長本来の役割なのです。それさえ明確にできれば、自然と「自分の仕事」が絞り込まれていって、精神的な余裕が生まれてきます。

リスク管理が必要な場合などは、校長が「現場の仕事」にかかわりながら一緒に取り組むことがあるでしょう。しかし、そんな場合であっても、校長に与えられた最大の使命は、プレイヤーとして「成果」を上げることではなく、「学校全体の成果」を上げることであるはずです。

校長の多くは、自らがチームの先頭に立って成果を上げなければならない、と気負いがちです。しかし、「自分の成果」を上げるためにしゃかりきになって、メンバーへのサポートが手薄になるようでは本末転倒です。さらに、校長が「圧倒的な成果」を打ち立てて、「どうだ？　すごいだろう！」と言わんばかりの態度を見せたりすれば、教職員は白けるばかりです。むしろ、そんな校長に「威圧感」を感じ、よりいっそう声をかけづらくなるだけでしょう。

それよりも、校長本来の役割を果たすために、「できるだけ〝仕事〟を手放し、任せる」ことによって、「機嫌よく」いることのほうがよほど大事です。それが、チームとして「成果」を上げる最善の方法なのです。

仕事をすればトラブルは起きる

最後に、「仕事をすれば、トラブルは必然的に起きる」と腹をくくることです。そう腹をくくっておけば、教職員がトラブルを起こしたときにも、「不機嫌」になることなく、「平常心」で事態を受け止めることができるからです。

これは、校長としての「資質」を左右する、非常に重要なポイントです。トラブルを報告しにきた教職員を責め立てるのが論外なのは言うまでもありませんが、そのときにわずかでも「不機嫌」なそぶりを見せてしまうと、マネジメントに重大な問題が生じます。

トラブルを起こしてしまったときは、誰でも「責任問題になるのではないか?」「怒られるのではないか?」「見限られるのではないか?」と不安や恐怖心を抱きながら、そのなかでも勇気を出して校長に報告をしています。

だからこそ、校長がほんの一瞬でも「不機嫌」な表情を見せるだけで、教職員の心に強いインパクトをもたらします。その後は校長が冷静に対処したとしても、教職員は「校長は口には出さなかったけれど、内心では自分に対する評価を大きく下げているはずだ」と思ってしまいます。校長に対する恐怖心が芽生え、それ以降、トラブルを報告するのを躊躇してしまうかもしれません。これは、非常に深刻な問題です。

どんなに誠実に仕事に取り組んでいても、トラブルは避けがたく発生するものです。ですから重要なのは、トラブルの芽が小さいうちに組織的な対応をとることです。ところが、教職員がトラブルを隠そうとすると、水面下でトラブルはどんどん大きくなり、一人では抱えきれなくなって初めて大問題となって噴出します。組織に大打撃を与えるとともに、校長の責任問題へと発展します。

悪循環はまだ続きます。そのような経験をした校長は、何も言ってこない教職員を見ながら、「何かトラブルを隠しているのではないか？」と疑心暗鬼になってしまいます。そんな「不機嫌」な校長に対して、教職員はよりいっそう距離を置き始めるのです。

トラブルは教職員との「関係強化」のチャンス

ですから校長は、教職員からのトラブル報告をむしろ歓迎すべきです。もっと言えば、「報告してくれて、ありがとう」と感謝するくらいでちょうどよいのです。

とはいえ、それはそう簡単なことではありません。校長にとって、トラブル報告は常に突発的にもたらされるものですから、誰だって内心では「弱ったな……」「この忙しいときに……」「自分で何とかしろよ……」などと思ってしまうのが普通です。

だからこそ、日頃から「仕事をすれば、トラブルは必然的に起きる」と腹をくくっておくことが大切なのです。腹の底からそう思っていれば、教職員からトラブル報告を受けた瞬間に湧き起こるネガティブな感情をやりすごすことができます。むしろ、

「トラブルが起きたということは、教職員が仕事をがんばっている証拠だ」と思うことすらできます。そして、「不機嫌」になることなく、「平常心」でトラブル解決に向けて動き出すことができるわけです。

これができると、非常に大きな恩恵がもたらされます。なぜなら、校長が自分のトラブルに「不機嫌」になることもなく、進んで解決してくれたことに、教職員が自然と「感謝」の気持ちを持ってくれるからです。

その意味で、教職員のトラブルは、校長にとって「腕の見せどころ」であり、内心で「よし、自分の出番だ」くらいに考えるべきことだと言えます。「雨降って地固まる」という言葉もあるとおり、トラブルは教職員との関係強化の絶好の機会であり、ワクワクすべき出来事ですらあるのです。

しかも、それ以降、教職員は「トラブルの芽」「トラブルの兆候」の段階から、安心して情報共有をしてくれるようになるに違いありません。その結果、校長は、教職員を信頼しながら日々の業務に向き合うことができるようになります。それは、校長にとっても教職員にとっても快適なことであるはずです。こうして、みんなが「機嫌よく」仕事ができる環境が生み出されるわけです。

校長として「求心力」を発揮できるようになるためには、教職員やチームをマネジメントしようとする前に、まず、自分の「機嫌」をマネジメントする技術を身につける必要があります。これも、「人と組織がうまく動く」ために不可欠な校長のスキルなのです。

学校経営は、自走する組織づくり

放し飼いのリーダー

私がめざしてきた組織は、校長が不在でも自分で考え、自分で行動する「自走する組織」です。一人ひとりが当事者意識を持って「自分にできることは何か」「最適解は何か」を考えて行動し、互いが協力し合って大きな成果を生んでいくのが理想です。一人ひとりが力を発揮できる組織では人が生き生きと動き、どんどん成長していきます。心理的安全性が高く、仕事のクオリティも高いのです。

そんな「自走する組織」においては、校長のあり方も従来と変わってきます。

自分で考え、行動する自走する学校の校長を、私は〝放し飼いのリーダー〟と呼んでいます。これは実は、以前勤めていた学校のベテラン先生が私に言ってくれた言葉です。

「住田先生は、私たちをいい具合に放し飼いにしてくれた」

褒められたのか批判されたのかわかりませんが。

これからの校長に必要なのは、従来の上意下達型組織のような指示・命令ではなく、一人ひとりの個性を理解し、組織の人間関係を整えることだと思い、取り組んできました。教職員の個性を理解して、それぞれの個性をどう生かせば組織のパフォーマンスを最大化できるかを考えていました。

人は、こちらが意図したとおりに動くわけではありませんが、システムや環境は校長が意図したとおりにつくることができます。

私のことを「放し飼いのリーダー」と呼んだベテラン先生は、退職間際でしたが、いつもエネルギッシュで、新しいことにどんどん挑戦する方でした。特別支援教育や低学年の授業では、魔法のような声かけや教材提示、手法の工夫にあふれ、見ていても感心することばかりでした。

私は、その先生が取り組むことを、尊敬の念を抱きながら応援していました。学校外の方とも多く交流され、連携した取り組みもされていました。ですから、私が放し飼いしたというより、その先生が柵を超えていつも逃げ出していたというのが正しいかもしれません。

そういう先生は、きっとどの学校にも一人や二人はいるのではないでしょうか。そういう先生の足を引っ張ったり、邪魔をしたりすることは絶対にしません。学びの場は、学校だけではありません。先生たちが、地区センターや公民館、図書館で授業をしたいと言えば、そこを学びの場として認めればよいのです。そういうかかわり方のおかげで「放し飼いのリーダー」と言われたのなら、うれしい言葉です。

私があれこれ言わなくても、どんどんエネルギーに満ちあふれた先生たちが生まれていきます。その秘訣というものがあるなら、それは教職員の仕事に口出し、手出ししすぎないことです。口出し、手出ししすぎると、教職員は自分で考えることをしなくなります。

教職員の主体性を育む組織づくりが、リーダーの仕事の一丁目一番地です。ビジョンを明確にしたうえで〝私たちはどうあるべきか〟を定義して、共有し浸透させることです。そのための機会や時間をきちんと確保する必要があります。個人の裁量に任せる部分が多くても、皆が同じ方向をむいていれば、不思議と統一感のある活動ができます。

「住田先生の学校だからできるんですよ。うちの学校の先生なんて、放し飼いにしたらどっかに行っちゃいますよ」という校長先生もいますが、そのとおりです。私だからできるのです。私は、きっと他の校長先生とは違う見方や考え方をしています。

これは自慢ではありません。私には苦手なことがたくさんありますし、教職員の方が優れているとリスペクトしています。ですから、私が幸せを感じるのは、教職員に私の言うとおりにさせることではなく、教職員がやりたいことができたときなのです。教職員がやりたいことができていくと、結果的に自走する組織になっているのです。

みなさんはどうですか？

自分だからできるということがありますか？

人と同じでなくてよいのです。あなたは、あなたのリーダーシップで。

校長はビジョンを描き、ビジョンをつくり、夢を語る

校長は、学校教育目標を実現した先に何があるのかということを描いていくことが大切です。それがビジョンになるのだろうと思います。

ビジョンとは、一言で言うと「理想」です。ビジョンを持つ主体を個人と組織で分けると、個人がビジョンを持つとき、まず自分自身が実現したい未来の青写真を思い浮かべます。一方、組織のビジョンは、「組織としてこんなふうに社会に貢献したい」「こういう組織でありたい」などと、めざす方向性を思い描いたりします。

私たちはよく目標を持ちますが、ビジョンを明確にすることによって、「なぜ目標を達成するのか」という目的を捉えることができます。つまり、ビジョンを持つことによってモチベーションが向上したり、目標に自発的に取り組むことができるようになったりするのです。

船の先導者である校長は、乗組員を束ねて「どの方向に行こうか」という対話の場をつくったり、関係性をつくったり、向かう先を照らしたりする役割を担っています。

また、ビジョンを考えるにあたっては、そこで働く人たちが同じ船の乗組員になれるのか、というところがやはり重要な点です。誰でも共感したメンバーと働きたいも

のです。違和感を抱いているところで働くよりも、自分が生み出したいものに近いものを持っているところで働いたほうが、人は幸せを感じます。教職員のことを考えると、方向性を明確に示すことはとても重要です。

ビジョンをつくるには、「この学校のいいところはなんだろう」「この学校で育みたいのはどんな子どもの姿だろう」ということを、ボトムアップで引き出しながら、意見を集約していくことです。

ここで肝心なのは、それらの意見は、メンバーや環境、時代の変化に即して変わっていくものであり、常に磨き続けていくものである、ということです。

学校におけるビジョンの策定プロセスには時間がかかります。また、人々の意見の違いから衝突が起こるかもしれません。多くの人にとって、とても面倒なことです。

こんな面倒なことは敬遠したくなるかもしれませんが、他方でこのビジョン策定のプロセスを乗り越えた結果、ビジョンがびしっと学校にハマり、スピードもチームの強さも格段に上がる学校を見てきました。

ビジョンをつくるプロセスは、希望を語る楽しい時間です。個人個人の人間性にも触れることができるので、周囲との関係性も育まれる貴重な場です。ビジョンを描く楽しさや、そこから拓かれる可能性のことをもっと先生方にも知ってほしい、感じてほしいと思っています。

「任せる」は「丸投げ」ではない

校長には、教職員を管理するのではなく、信じて任せる姿勢が大切です。

そう言うと、「任せられない」「任せたら大変なことになる」「任せるのは無責任」などと返されることがあります。

「任せる」とは、「その人ができる範囲で、的確な仕事を与えること」でもあります。ですから任せるときには、「いつまでに」「どういう順番で」「何のために、どうして」「どのように、どのくらい」という条件を整えておく必要があります。

指示というかたちでなくても、問いを出して考えてもらったり、一緒に考えたりしてもよいのではないかと思います。

うまく仕事ができない教職員がいたら、それはその教職員が悪いのではなく、校長が悪いのです。なぜなら、仕事を「任せて」いないからです。本来は校長がやる仕事を、主任や担任に「任せて、してもらっている」という基本を忘れてはいけません。教職員を育てる意識を持ち、信じて任せるからには、意思決定から任せて校長はフィードバックやサポートに徹することです。途中で中途半端に意見を述べると、教職員は校長に忖度し、自分らしさを失って、結果的に教職員をコントロールすることにつながってしまうので、注意が必要です。

学校は、校長、教職員と子どもたちがみんなで一緒に成長していく場です。カリスマ校長一人がリーダーシップを発揮して、「校長がいないと前に進めない」「校長がいないと何も決められない」という学校ではなく、教職員から「校長先生はいなくても平気です」と言われるような学校が、理想の学校なのだと思います。

教職員との面談では、「傾聴し、問いを返す」ことを大切にしています。たとえば、教職員が「〇〇××がしたいです」と言ってきたら、「何のためにやるのですか?」「誰とやりたいのですか?」「やってどうしたいのですか?」「それはワクワクすることですか?」などと丁寧に聞くことで、教職員自身がそのやりたいことの実現のためにすべきことを考えられるようになります。それが、任せられる人材への成長につながるのです。

信じて任せるマネジメントの最終段階は、「感謝」です。教職員同士が信頼し合い、お互いに「ありがとう」「助かりました」「(手伝ってくれて)うれしかったです」など感謝し合える関係ができれば、そんな教職員の姿を目にする子どもたちも安心し、伸び伸びと過ごすことができます。教職員と子どもそれぞれの間に安心感が育まれて、初めて子ども一人ひとりが大切にされる学校ができるのではないでしょうか。

校長は、いい意味で「権威」や「威厳」を感じさせないことが大切です。これからの時代の校長には、従来の「コントロール型」から「マネジメント型」の学校経営が求められています。

校長の本来の役割は、学校がどこを目指していくのか、そのビジョンを教職員全員で共有し、教職員一人ひとりの力を最大限に発揮できるような環境を整え、学校全体としての組織力を向上させるようマネジメントしていくことです。

しかし、校長が強いリーダーシップで学校経営を推進し、指示や命令で教職員を仕切るといったコントロール型の学校が多いのが現状です。コントロール型の学校経営の場合、教職員は、校長から言われたことに従うことしかしないのに加え、必要以上に校長からの評価を気にしてしまい、「思考停止」や「指示待ち」といった状況を生み出してしまいがちです。「イエスマン」は増えますが、それでは組織力の向上にはつながりません。

管理職に敵対的な教職員への対応

「先生たちが言うことを聞いてくれなくて困っている」

「何か言っても、すぐ反対してくる」

「とにかく反抗的な先生がいる」

という悩みを打ち明けてくれる校長先生がいます。


着任した学校に、異動せず長くいる先生が多く、何か変えようとすると猛反対される、と落ち込んでいる校長先生もいました。

「校長なんだから、バシッと言えばいいじゃないか。言うことを聞かせればいいんだよ」、また「しっかり論理的に説明して、反論できないようにすればいい」と思われる方もいると思います。

確かにそんなふうにできればよいですが、それができない校長先生もいます。みんな違いますからね。それができない校長先生を見捨ててはいけません。私だって、強く言ったり、説得したり、納得してもらえるような説明をしたりする力はありません。

私に反抗的な先生も、少なからずいました。とくに、異動してきた最初の年は、「この校長は何をするんだろう。よけいなことはしないでほしい。今までのことを変えないでほしい」という強いオーラを出す先生が数人いて、完全に敵対的な態度をとられます。きちんと話を聞いてくれなかったり、話している間も厳しい表情のままだったり、直接批判されたりしたこともありました。残念ながら、最後まで反抗的な先生もいたと思います。

そういう先生に対して、私が何をしてきたかというと、とにかく寄り添い、話を聴き、応援し、その先生の目標達成に向けて協力していきました。けっしてその先生の敵ではありませんし、むやみにこれまでのことを変えようとしているわけでもないのです。先生方が、変えようと思っていたのに変えられなかったこと、変えた方がいいけれども気づいていなかったこと、もっとよくするために取り入れた方がいいことなどを、丁寧に聞き取りながら、実現していくだけなのです。

大事なことは、反抗的な先生を仲間として巻き込んでいくことです。どんどん外に連れ出して発表してもらったり、外とのつながりを持ってもらったりするようにしました。学校の中に閉じこもっていると、同じ価値観のなかで視野が狭いまま、「受容」よりも「排除」のマインドに陥りやすいのです。

また、批判的で攻撃的な人は、概して承認欲求も高いので、外で認められるような場をつくると、表情も生き生きとしてきます。その先生の話を聴いて本気で応援することで、少しずつ信頼関係が生まれてくるのです。

敵対的な教職員に敵対するようなことは、けっしてしてはいけません。なぜ、敵対してくるのかを想像し、その背景を知り、つながりをつくりながら、心の塊をほぐしていくことが大切です。そうすれば、きっと、あなたの理解ある協力者になってくれると思います。私の場合も、幸い、反抗していた先生が協力者になってくれました。

校長の人材育成

研修後のコメントをご紹介します。

「育成しないことが理想の育成である」という言葉が心に残っています。アドバイス、寄り添い、チャレンジ、気づきというステップを踏みながら、人材育成に取り組んでいきたいと思いました。

まず、知っておかなければならないことがあります。それは、「相手は自分とは違う人」であるという認識です。

「何をわかり切ったことを」と言われるかもしれませんが、実はこのことをわかっていない人がけっこういます。「自分が正しいと思っていることは、ほかの人も正しいと思っている」「自分が大切だと思っていることは、ほかの人も大切だと思っている」――こんなふうに思っていませんか？　まず、前提として、みんな違う人であり、誰一人同じ人はいないということを確認しておく必要があります。

人は、「育てる」のではなく、「育つ」

人は、「育てる」のではなく、「育つ」存在です。

私は、「人材育成」や「育てる」という言葉にずっと違和感を持っていました。「育てる」というのは他動詞ですが、成長するかどうかは、あくまでもその人個人の問題です。言い過ぎかもしれませんが、成長する人はどんな環境やどんな校長のもとでも成長しますし、成長しない人はどんなにすばらしい環境やすばらしい校長のもとにいても成長しません。

ですから、校長に求められることは、その人に適した「育つ」環境や機会を整えることです。たとえば、学校内でどんな立場でどんな仕事をしてもらいたいかを考えて校内人事を決めたり、どのように成長してほしいかを考えて学校内外を問わず出会わせる人を決めたりすることです。研修に参加したのであれば、その研修で学んだことをアウトプットできる機会を設けることも必要です。

そうできるように仕組みを整えることが、校長に求められるのです。ぜひ、校長のみなさんには、人が「育つ」環境整備に取り組んでいただきたいと思います。

「人材育成研修をしていれば人が育つ」なんて考えている校長先生はいないと思います。研修は、人が育つためのきっかけのひとつに過ぎません。日常的に、一人ひとりの教職員が何に興味を持ち、何に関心があり、どんなことをしたいと思い、どんな教職員になろうとしているのかを知り、本気でその実現に向けて共創していく姿勢を示すことが大切です。校長も教職員もともに育つモデルをつくっていくことです。

それは、はしごを一段一段のぼっていくようなイメージです。校長が問いを出すと、教職員がそれに答え、その新たな答えに校長が学び、一段のぼって新たな問いを出し……と、ともに階段をのぼりながら、ともに一段ずつ成長していくのです。

私はこれまで、副校長にこのようなかかわり方で教職員が育つモデルをつくってもらっていました。

「相談されてもけっして答えを言わず、問いを出すように。考えて育ってほしいのは、教職員の方だよね。副校長先生が考えて答えを出せば、教職員は育たない。かと言って、副校長先生も自分の経験から導き出した答えなら、自らの成長はないよね。相談に来た教職員に問い返して、考えてもらい新たな答えを見つけてもらえば、その教職員も育つし、副校長先生も新しい考えに触れて育つよね。ともに育つモデルだよ」

このような「問いのマネジメント」によって、副校長にも教職員が育つモデルを実践してもらい、副校長も教職員も育っていったのです。

失敗を許容する

そもそも失敗とは何でしょう?

失敗の定義を考えてみましょう。授業における失敗とは何でしょうか? 学校における失敗とは何でしょうか? もしかしたら、それはグッドトライかもしれませんし、うまくいかないことへの気づきかもしれません。

失敗には痛みを伴いますが、失敗しないと学べないこともあるでしょう。スポーツの世界において「いいコーチ」は、失敗をデザインできること、失敗経験を選手に積ませること、挑戦したプレーのミスはOKとすることなど、失敗を恐れない組織づくりをしているそうです。

人間は失敗する生き物です。人間関係にしろ、仕事にしろ、小さなミスは誰にだってあるものです。なかには取り返しのつかないような失敗もあるでしょう。決定的に人間関係を壊すような地雷を踏んでしまうこともあるでしょう。それはある意味では避けては通れないことです。

ですが、大事なのはここからです。人は失敗する生き物だからこそ、その失敗をどのように処理するかで、他者からどれだけ信頼されるかが変わるのです。失敗しないような完璧な人間はいません。すべての人は失敗します。そして、失敗したときの姿で、周りはその人が信頼に値する人間かを見極めるのです。


「学校は隠ぺいするのですか！」

「逃げないでちゃんと答えてください」

「すべてを公開してください」

「学校がこんなことをするなんて残念です。もう信用できません」

などと厳しい言葉をかけられたことが、一度や二度はあるのではないでしょうか。

ミスをしたり、対応を間違えたりしたときに、どのような姿勢を見せるかが、その後の事態がどう進展するかの大きな分かれ目になります。ミスに対しては真摯に謝罪をしたり、問題に正対している姿勢を見せたりすれば、事は大きくならず収束していくでしょう。逆に、ちゃんと話を聞かなかったり、謝罪をしなかったり、隠そうとしたりすると、大きく燃え上がってしまいます。

人間は失敗する生き物ですから、そこで改めることができればよいのです。でも、そこで悔い改めておしまい、その後はそれほど真剣に考えないということもあるようです。人の器はそういうところに現れるものです。

先日、ある保護者がこんなことを話していました。

「人間は失敗する生き物だから、人って無意識にその人が失敗した後にどういう処理をするかを見ているんですよね」

それは、私に対する戒めの言葉のように聞こえました。こういうことを言ってくれる人がいるのはありがたいことです。人の話を「真摯に受け止める」「素直に耳を傾ける」、そんな人間でありたいものです。

なにより恐ろしいのは、自分をいさめてくれる人がいなくなることです。人から何も言われないのは、その人が完璧な人間だからではありません。怖いからでもありません。信頼されていないからなのだと思います。ですから、戒めの言葉は、信頼の証だと思ってありがたく受け入れるようにしたいものです。

校長が率先して失敗を披露する

私の友人や職場のなかでも、新しいことに挑戦したがるタイプの人と、現状維持をよしとするタイプの人がいます。誰しも望んで失敗しようとは思いませんが、失敗することを無駄な経験であるかのように考えると、やがて少しずつ変化を望まない保守的なタイプになってしまいます。

私たちの周囲の環境は、変化を続けています。誰でも、従来の考え方や方法がいつまでも正しく、安全なものではないということを理解しているはずです。それでも「失敗するのは無駄な経験だ」と思えば、失敗に対して恐れを抱き、変化や挑戦をあきらめてしまいます。

ですから、校長が率先して失敗してみせること、そしてその原因をけっして人のせいにせず、失敗から学び成長していく姿を示すことで、教職員にも勇気が伝染していくのではないでしょうか。

大切なのは、失敗を悔やむのではなく、そこで学んだことを次に生かしていこうとする気持ちです。うまくいかなかったとしても、「ようやく失敗の原因がみえてきた。やっぱり無駄じゃなかったんだ。まだ終わってないぞ」と自分の失敗を素直に受け入れ、再び挑戦する気持ちを持つことができれば、成功する可能性も大きくなるでしょう。

「失敗してもいい」というリーダーの姿勢、失敗してもともにそれを受け入れ、糧にし、生かそうという組織のあり方、雰囲気。変えたいと思っている人は、心理的安全性のなかで変化にチャレンジできます。そういう組織こそ、失敗をくり返しながら徐々に変わっていくことができるのです。

校長先生、失敗を恐れずにチャレンジしましょう。そして、失敗やミスがあったときは、謝罪、傾聴、改善（再発防止）に真摯に取り組み、丁寧に対応しましょう。

教職員になってほしい姿に校長自らがなる

先生は、よく保護者に対して「子どもは、親が言うようになるのではありません。親がするようになるのです」と言います。子どもは親の鏡ですから、親の姿が子どもに表れるのです。

それと同じように、教室では、先生の姿が子どもに表れます。とすれば、職員室では、校長や教頭の姿が教職員に表れるとも言えないでしょうか。ということは、教職員に何かを求めるならば、校長が率先してやることが一番効き目があるということではないでしょうか。

　私は、とにかく日々変化し、バージョンアップする姿を見せてきました。毎日、昨日より違うこと、新しいことを求めて話したり、書いたり、行動したりしてきました。私の特性として、同じことができない／するのが苦手だということもあって、単純なこと以外は、常に刷新していました。

　先生たちは「また変わっている」「また新しいことをやっている」「また変なことを考えている」と思って見ていたようです。そんななかで、そのうち少しずつ同じように新しいことに手を出し、挑戦する人も出てきました。私はすかさずその人を連れ出し、さらに挑戦する機会を提供しました。そうなると挑戦の循環ができますので、放っておいても自ら変わり続けます。

　教職員になってほしい姿に、まず校長自身がなることです。教えなくていいのです。挑戦する姿を伝染させるのです。伝染ですから、次から次へと広がっていきます。そんなドミノ倒し状態がつくれれば、校長は必要ではなくなります。教職員が自走するので、もう校長は必要とされないのです。さみしいことに校長は見向きもされず、教職員が勝手に挑戦する集団になっていきます。

そんな学校になったら、すごい活力があふれ、子どもや保護者、地域にも伝染していきます。そんな学校をつくってきました。

「問い」を使うマネジメント

人は、問われれば考えますし、答えようとします。そして、自分で考えると、自発的な行動が生まれます。一方、指示は、自分で考えるプロセスがありません。やらされる行動となり、思考停止・指示待ちになります。

「話すことは時間を奪い、聞くことは時間を与える」と言います。問うことは、相手に考え話してもらうことになりますから、相手に時間を与えることになります。私たちは、人が育つきっかけや環境をつくるのが仕事ですから、問うことが大切なのです。

指示を問いに変えられたらいいですね。

「こうしてください」「これはやめてください」と指示することは、一見、仕事をしているように見えますが、実はその人の育ちのチャンスを奪っているかもしれません。

「どうしたらいいと思いますか?」「どうしたいですか?」「これはやったほうがいい

ですか？　やめた方がいいですか？」と相手に問うことによって、育つチャンスを与えています。指示は思考停止を招き、依存を生みます。問いは思考を促し、自走を生みます。

最初は、「どうして教えてくれないんですか！」「どうしていいかわからないのに、ちゃんと指示してほしい！」と言われるかもしれませんが、そこはねばり強く、問い続けてください。きっと、その人は大きく成長し、感謝されることになります。

そして、あなたも「問いのマネジメント」を身につけられます。問いの名人になれば、みんな生き生き、どんどん活動するようになります。校長は、答えではなく問いを持つことが大切なのです。

問いを出して話し合う1 on 1をする際に気をつけたいことがあります。それは、原因の深掘り、誘導尋問、形式的な会話、持論展開をしないことです。とくに、教職員が話したい・聞きたいことではなく、校長が聞きたい・話したいことが中心になってはいけません。主導権は教職員にあります。教職員のための時間にするのです。

講演後の感想にも、このようなコメントがありました。

> 校長職3年目となりますが、1年目は自分の経験値をもとに、ある意味押しつけがましく集団を引っ張ることでまとめていこうとしていました。ですが、それでは職員の内面からの成長にはつながっていないと感じました。その反省をもとに、次年度からはサーバントリーダーとしての役割を意識しながら動いてきたつもりですが、傾聴する際に、どうしても自分なりの答えがあり、都合のいいように会話を進めがちな自分がいて、傾聴のむずかしさを感じています。まずは自分自身を変化させることを肝に据え、職員を信頼し任せる。そして、職員が内に秘めている力を最大限に引き出すことができるよう研鑽を積んでいきたいと思います。

面談・相談の乗り方

研修後のアンケートにあった「人の相談に乗るときに答えはない。その人が持っている答えを引き出す」という言葉が心に残りました。

教職員との面談をするときに常に意識しているのですが、なかなかその人の答えを引き出せず苦労しています。答えをこちらに求めてくる教職員の場合、自分ではあまり考えず、疑問や悩みをすべてこちらに投げてきて、「決めてください」というパターンに陥ります。

一方で、あからさまに自分の考えと違う管理職を責める目的で面談に臨む攻撃的な方もいます。非常に対応がむずかしいですが、相手を見ながら、相手に合わせてどう応えていけばよいのかを考えるしかないと思います。

今の自分をふり返ると、とても自信を持てる状況にはなっていません。学校経営のあり方にはいつも悩んでおり、手探りのままコロナ禍の3年を過ごしてきました。「新しい考え方や人を引き寄せようとするのではなく、自分から歩み寄る」ようにしなくてはいけないことも、とてもよくわかりました。

新しいことを学ぶには相当量のエネルギーが必要で、とてもむずかしいことですが、「今までとちょっと違う」「もみじアプローチ」で進んでいければと思います。

もみじアプローチとは、もみじが色づくようにゆっくりと学校や地域が変わっていく様子をイメージしたもので、急激な変化ではなく、時間的・空間的・人的なつながりを大切にしながら、笑顔の連鎖を起こすことをめざしています。私が提唱したESD＝持続可能な開発のための教育の取り組みの一つです。

校長は、日常的に教職員の相談に乗っています。ですが、話の「聴き方」や「話し方」について学んだことはありません。加えて教職員からの相談内容も多岐にわたるので、校長は話を聞きながら「こうしたら、ああしたら」「いいねぇ！　どんどんやって！」「こんなこともできるかもね」「なんで早く言わないんだ！」「そんなこと自分で考えたら！」「学年で相談したの？」「まず副校長に相談した？」「いいから早くやりなさい！」……といろいろな思いが頭に浮かび、思わず口に出したりしてしまいます。

ですが、そんなときに迷わずアドバイスをしてしまっている人は、少し気をつけたほうがよいかもしれません。私たち校長の頭に浮かんでいることは、すべて私たちの過去の経験です。浦島太郎なのです。

「新たな学びがなければ教えることはできない」とは、教員によく言われる言葉です。校長も同じです。教育を取り巻く環境、教職員を取り巻く環境もどんどん変わっているのです。

私の日常の仕事の中心は、面談と相談です。多い日は、出勤から退勤までずっと誰かの話を聴いたり、話し合ったりしています。さまざまな対応課題もありますが、多くは人間関係にかかわる相談です。それはどこの学校でも同じでしょう。

もちろん、ほかにもやらないといけない仕事はありますが、人を優先すると、やはり相談の時間が一番多くなります。よい人間関係を築くには、よいコミュニケーションが必要ですから、まず私と相談者との間のコミュニケーションをよくして、そこで身につけたコミュニケーションスキルやマインドを使って職場でよい人間関係を築いてもらえればいいわけです。簡単なことではありませんが、ねばり強く、ささやかなプレゼントを渡しながら対話の時間を楽しみます。

ささやかなプレゼントとは、言葉です。「ありがとう」「頼りにしている」「助かるよ」「任せるね」「ぜひ頼むね」と伝えます。そして、「話したいこと、全部話した？」「言い残したことない？」と聞いて終わりにします。

私に対する批判や、私も言われて嫌になる言葉、学校に対する厳しい意見についても、それはありがたいことだと感謝の言葉を伝えます。悪いニュースは、いいニュースに変えるチャンスです（顔は嫌なことを聞いたという表情になってしまうかもしれないので、そういうときは気持ちを逸らすようにしています）。

いつも心がけていることは、「また会いたいと思われる人になる」ことです。この人には二度と会いたくない、二度と話を聴いてほしくない、相談しても無駄だと思われないようにしなければならないと思っています。ですから、問いを出して、相手に主導権を渡して聴くことをメインにするのです。傾聴を心がけることはけっこう大変ですが、それこそが自分の仕事と割り切って、「聴き切り」ます。しっかり最後まで話を聴いてくれる人のことは嫌いにはならないと思うのです。きっと、また聴いてもらおう、相談に乗ってもらおうと思うのではないでしょうか。

聴くことは、私にとってもメリットがたくさんあります。どんどん問いを出して話してもらうと、知ること・わかることも増えていきます。知識も増えるのですが、その人の考え方や価値観がわかってきます。そして、私との信頼関係も深まっていきます。

ただし、気をつけなければいけないこともあります。私との信頼関係ができても、教職員間の信頼関係が築けなければ、人間関係はよくなりません。ですから、私とのコミュニケーションを、教職員間でも実践するようになってくれることを願って、言葉のプレゼントをし続けるのです。時間はかかりますが、きっといつかはうまくいきます。

攻撃してくる人にも、なぜこの人はこんなに怒るのか？　私を攻撃しようと思うのか？と相手の立場に立って考えながら聴きます。不思議なことに、聴いているうちに、その人は自分のことを話し始めます。何に不満があるのか、どうしてほしいのか、なぜそう思うのか、どうなりたいのか、これまで何に傷ついてきたのか……涙ながらに話す人がいました。攻撃的な人ほど、コンプレックスや承認欲求、そして思いやエネルギーが強いように感じます。

これまで、何人もそういう人と接してきましたが、最終的には同じ方向をむいて学校づくりにともに力を発揮してくれる仲間となってくれました。けっして否定しない、尊重する、最後まで聞く、相手の立場に立って聞く、説得しようとしない、責めない、そんなかかわり方を心がけると、最初はけっこう厳しいことを言っていた人も、受け入れてくれるようになります。信頼関係がないと、何を言っても聞いてくれませんし、厳しいことを言っても反発されますから。まずは、徹底的に聴くことからです。

大事なことですので何度もお伝えしますが、校長は暇そうに見せること、いつも笑顔で機嫌よく、温かい雰囲気をつくることを忘れずに。そして面談希望は断らないことです。

ミドルリーダーの育て方

ミドルリーダーが活躍するための環境づくり

従来型の組織でやってきた校長にとっては、「ミドルリーダーをどう活用するか」という思考になりがちですが、考え方を変えて「ミドルリーダーが活躍するための環境をどうつくるか」ということに目を向けてみてはどうでしょう。

キーパーソンとなるミドルリーダーを直接動かすというより、ミドルリーダーが今何に困っているのか、どうしたら校長が応援できるのかというところに目を向けるのです。「私も学んでいるけど、君も学んで力を発揮してほしい」「必要なことがあったら言ってくれ」と任せていくのが校長の役割といえます。

ただし、そのために校長が細かく指示を出すようなマイクロマネジメントを続けると、ミドルリーダーは必ず「校長、次は何をすればいいですか」と行動を確認するようになってしまいます。日本人はまじめなので言われたことはやります。でも、校長が「ああしろ、こうしろ」と言い続けると、いつまでたっても自走できません。

教職員は、校長から指示や命令を受けたとき、同時に「言い訳」を手に入れます。うまくいかなかったときは「校長がやれと言ったから」という言い訳です。校長が言ったからやらないといけないし、校長が言ったことをやれば校長からは怒られません。それは組織を変えようというベクトルとは真逆になるので、校長が指示をすればするほど組織変革は進まないのです。

心のエネルギーが強い人

自分の世界に閉じこもりがちで共感力が弱い人は、変革のキーパーソンとなるミドルリーダーには向かないかもしれません。変革のためのアクションを実行する場面では、大きな力を発揮してもらう必要があるからです。

ミドルリーダーの資質として真っ先に重視したいのは、心のエネルギー、つまり意志の強さです。心のエネルギーが強い人は、すでに活発に行動したり発言したりしているはずなので、そこからキーパーソンを見つけるのはさほどむずかしくはありません。

また、さまざまなタイプが同時にいてもかまいません。静かに考えるキーパーソン、情熱的に行動するキーパーソン、寡黙に行動するキーパーソンなど。情熱にも激しい情熱と静かな情熱があります。寡黙であっても心のエネルギーが強い人はいます。

この時点でのエネルギーのベクトルは、必ずしも仕事に向いているとは限りません。彼ら彼女らは、次から次へと湧いてくるエネルギーを自分が好むベクトルに放出しています。校長批判であったり、趣味の世界であったり、誰かから頼まれたわけでもないのに自発的に行動しているはずです。ベクトルはどうあれ、エネルギーの絶対量のほうが大切です。

どこにベクトルが向いていようが、いざスイッチが入ると、その人は大きく変化する可能性があります。彼ら彼女らが頭角を現すタイミングは、そのベクトルと校長のベクトルとの重なりが増えたときです。

しかし、キーパーソンのほうから校長のベクトルに合わせにくることはほぼありませんから、校長からキーパーソンに働きかける必要があります。これが校長としての重要な役割です。

山本五十六の名言に学ぶ

最終的な目標は、ミドルリーダーが自発的に考えて行動するレベルを上げることです。そのために大切なのは内発性であり、それが育成の核となります。内発性を高めるためには、相手を無条件に信じて承認し、任せることです。

植物は、種を植えても水の量や空気、温度、太陽の光などといった環境条件が整わないと発芽しません。ようやく発芽しても、最初は弱々しい状態です。このとき、早く成長してほしいからとその芽を引っ張る人はいません。肥料を与えるなどして自発的に成長するのを見守り、支えることが必要になります。そうして立派に成長した植物は見事な花を咲かせます。

人の育成も同様で、環境条件を整えるのが校長の最大の役目となります。育むのが校長で、成長する主体はミドルリーダーです。「成長させる」ではなく、自発的に成長するために必要なことを校長が整えるのです。

海軍の軍人だった山本五十六の、有名な教育4段階法があります。

やってみせ、言って聞かせて、させてみせ、ほめてやらねば、人は動かじ。
話し合い、耳を傾け、承認し、任せてやらねば、人は育たず。
やっている、姿を感謝で見守って、信頼せねば、人は実らず。

この言葉を、校長時代からいつも机の前に置いて、学校の状況、教職員の育ちを確認し、成長の確認とかかわるときの手鏡にしています。「任せるマネジメント」や「サーバント・リーダーシップ」を表す言葉としても参考にさせてもらっています。

山本五十六の人や組織を育てる手法は、時を超えて、今まさに多くの組織で活用されるのではないでしょうか。「教える、試行させる、ほめる、対話する、傾聴する、承認する、任せる、感謝する、見守る、信頼する」――これらのキーワードは、ミドルリーダーにかかわらず、教員にとっても管理職にとっても保護者にとっても、「人が育つ・組織が育つ」ことを考えるときに欠かせない言葉になると思います。

ミドルリーダーが育たないのは、これらを校長がひとつも実行せず、挑戦もしなかったときでしょう。そんなことはないと思いますが、ミドルリーダーに無関心で悩みを放置したり、校長がマイクロマネジメントを行い続けたりすると、ミドルリーダーのやる気がそがれ、変革に対して無関心になってしまいます。「上《のぼ》り一日下《くだ》り一時」と言われますが、まさにそのとおりです。やる気を奪ってしまうと、学校にとって大きな損失となり、学校も元気を失っていくので、これは重大な問題として捉えておいてほしいです。

ミドルリーダーは育つものであり、校長に都合がいい方向にコントロールするものではありません。そもそも、自走型組織をつくるためのミドルリーダーを校長がコントロールしたのでは「自走」にならないのです。

ミドルリーダーが育つには、その人の能力を発揮しやすい環境をつくることが最も効果的です。その環境が整えば、ミドルリーダーは自発的に自身の持てる能力をどんどん有効活用していきます。

ミドルリーダーは、現在の状態がすべてではありません。誰でも成長の可能性を持っていること、そしてその可能性は無限大であることを校長が信じることが大切です。本人が限界を感じていても、校長が信じ切ることで可能性の扉を開けることができるのです。

ミドルリーダーとともに学ぶ

組織変革のためにチームをつくっても、つくった時点ではそれは厳密にはまだチームと呼べる状態ではありません。それはあくまでグループ、単なる人の集まりです。目的を共有したり、お互いの考え方を相互理解したり、スケジュールや進め方を決めたりしながら取り組みますが、最初はぎくしゃくして混乱し、なかなか前に進まないことが多いです。

この時期にはチームのパフォーマンスが一時期落ちるように見えます。たとえば、組織のトラブルが増えたり、対立が深まったりなどの問題が発生します。これは今までとは違うことをやっているから起こるのです。ここを抜けないとチームはまとまりません。

このポイントにさしかかったとき、校長は「何をやっているんだ！　今までより悪くなってきたじゃないか。サボらずにちゃんとやれ」と言うのではなく、「トラブルが増えたということは今までやらなかったことをやり始めたからであり、言われたことだけやるのではなく、自分たちで考えようとしている人が増えてきたということだな。ということは前に進んでいるので、しっかりとミドルリーダーを支えてあげよう」と受け止めることが大切です。

校長の、次のリーダーが育つ接し方

校長にとって、次の校長を育成することも重要な仕事です。

たとえば次のリーダーがこんなふうに思うように、話をしたり働きかけたりしてみましょう。

①「自己裁量権があって楽しそう」

情報や移譲される権限により、これまでより大きな仕事ができ、働きがいを感じるポイントも多いといった、リーダーの醍醐味を語っていきます。

②「時間を自身でコントロールできるので、働きやすそう」

仕事を棚おろしして、どんどん任せていきます。自分の時間をプレイング業務ではなくマネジメント業務に回す。この好循環を生み出すことができれば、リーダーのマネジメント力は向上していきます。

③「やれることの範囲が広がってスキルが上がりそう」

学校のビジョン、経営方針、その推進に向けた取り組み、新たな教育方法の導入や問題の解決など多方面にわたって変革の中心になります。

そして、どんどん変革が進んでいくなかで、自身の夢や理想を語ることで、自身の幸福感を増やします。その姿はリーダーへの憧れや希望につながっていきます。

副校長・教頭を育てる視点

「自分がいないと学校が心配だ」と思っている校長は、残念な校長です。そういう校長のもとでは副校長・教頭は育ちません。校長は、「自分がいないのに学校がうまくいっている」ということにさみしさを感じる必要はありません。「自分がいなかったらうまくいかない」と思っている校長は、学校から一歩も外に出られません。「自分がいないときの方がうまくいく」というのが、ベストです。

ところが、自分がいないときにうまくいかないと喜んでしまう校長もいるのです。「やっぱり自分がいないとダメだな」と内心うれしいのです。そして、副校長・教頭、教職員も「やっぱり校長先生がいてくれないと困ります」と応えます。

でも、それは、校長が人を育てていないということでもあるのです。校長は喜んでいる場合ではありません。反省しなければならない状況です。「自分がいない方がうまくいっている」というのが人材育成です。これは、学級担任のときも、そうではありませんでしたか？

では、自分がいなくてもうまくやってくれる優秀な副校長・教頭が育つためには、何が必要でしょうか？

まず、責任を明確にしておく必要があります。自分は、副校長・教頭にどうなってほしいのか？　何を求めるのか？　1年後に実現したいことを共有します。

次に、できるだけ手出し・口出しをしないことです。副校長・教頭に求めることを明確にしたら、よけいなことは言わないようにします。プロセスには介入せず、任せることです。

私たちの生活を見ても、カーナビやスマートフォンは便利ですが、覚えない・考えない・調べない、そして言われたとおりにするだけの指示待ち・思考停止になってしまっています。育つためには、自分で考えて判断し、行動するリーダーシップをとってもらうことが必要です。便利な「カーナビ校長」にならないようにしないと、考えない・調べない副校長・教頭になってしまいます。

最後に、管理することです。「管理」というと「いつもと言っていることが違う！」と思われそうですが、これは放置しないということです。自分の思いどおりにコントロールするという意味ではありません。任せるとか放し飼いと言ってはいますが、確認は欠かせません。任せっ放しで何ヵ月も放置していては、フィードバックができません。週一回、または隔週で進捗を確認し、フィードバックすることです。くれぐれも言っておきますが、そのとき校長がするのはフィードバックです。手出し・口出しのアドバイスをすると、副校長・教頭は育ちません。

私がこれまで出した本のなかには、ほかにも副校長・教頭をサポートする有力な考え方、ノウハウが凝縮されています。管理職にはぜひとも読んでいただければと思います。

『管理しない校長が、すごい学校組織をつくる！　任せるマネジメント』
『若手が育つ　指示ゼロ学校づくり』
『任せる校長ほどうまくいく！　ミドルリーダーの育て方』

校長のファシリテーション

リーダーシップ、マネジメント、ファシリテーション

私はファシリテーションを、リーダーシップ、マネジメントとともに「校長の学校経営　三種の神器」と呼んでいます。

まず、リーダーシップとマネジメントは、校長には欠かせないあり方・スキルであることはみなさんご存じだと思います。すなわち、リーダーシップは「何を」するかを決めること、マネジメントはそれを「どのように」するかを決めることだと言われることがあります。要するに、マネジメントとは、簡単に言うと「うまくやる」ということだとも言えるでしょう。

学校においては、学校教育目標の実現に向けて教育活動をいかにうまくやるかということになるのかもしれません。しかし、「うまくやる」ことは簡単なことではなく、そのための準備や体制づくり、かかわる人の力、モチベーションの高まりなどが大きく影響します。

私が考えるマネジメントの本質は、変化への意識の高い人に「任せる」ことです。変化に対応できない組織は衰退します。組織は環境の変化に応じて自らを変えていかなければなりません。そのキーパーソンとなる人を見出し、一歩を踏み出すために後押しをしながら任せ、徐々にその変化の影響を拡げ、教職員が変化を自分ごとにしていくことが必要です。

そのためには、教職員との対話や観察を通して、何に興味や関心を持っているのか、どんなことをやりたいと思っているのか、職場内での信頼関係はどうなのか等について把握しておく必要があります。そして、任せた人が失敗したら、任せた自分に責任があるとして、一緒に改善策を考え、次に活かすようにすることで、成長を促します。

そして、マネジメントの基本は、教職員一人ひとりの力を最大化させ、教育活動の充実・発展へとつなげることだと考えています。そのうえで、マネジメントの根本的な目的は、学校の持続的な発展をめざすことであり、そのための具体的な目的は①組織の目標を明確化させること、②教職員の能力を発揮できるふさわしい活躍の場を与えること、③教職員を成長させることだといえます。

実際に行うマネジメントとは、①目標を設定する、②やるべきことを決める、③誰が、いつまでに、どのように行うかを決める、④評価を行う、ということになります。

文部科学省が校長に求められる資質・能力の向上を図るための目安として定めている「公立の小学校等の校長及び教員としての資質の向上に関する指標の策定に関する

指針」が2022年8月31日に改正されました。「校長に求められる基本的な役割は、大別して、学校経営方針の提示、組織づくり及び学校外とのコミュニケーションの3つに整理される。これらの基本的な役割を果たす上で、従前より求められている教育者としての資質や的確な判断力、決断力、交渉力、危機管理等のマネジメント能力に加え、これからの時代においては、特に、様々なデータや学校が置かれた内外環境に関する情報について収集・整理・分析し共有すること（アセスメント）や、学校内外の関係者の相互作用により学校の教育力を最大化していくこと（ファシリテーション）が求められる」とされました。

「チーム学校」「連携と分担による学校マネジメント」という新たな学校づくりのもとで、校長は、学校組織のリーダーとして、組織をマネジメントし、学校の教育力を最大化して、期待される確実な成果を導き出すことが求められているのです。「校長がつくる学校」から「組織でつくる学校」へと変わっていくためには、個に頼るのではなく組織として持てる力を最大限発揮していくアセスメント能力とファシリテーション能力が欠かせないのです。

アセスメント能力といっても、校長一人では自分のアンテナにかかった情報しか得られません。学校にかかわる多様な人々それぞれのアンテナにかかった情報を聞いたり、書いてもらったりして共有していくことが大切です。ここでも校長だけでなく、組織で情報を入手することを心がけることです。

また、どの学校にもその学校ならではの「強み」があり、同様に「弱み」がありま す。環境の変化に応じて学校を変えるためには、「強み」を活かす方法、「弱み」を「強み」に変える方法を工夫するというプラス思考で取り組んでほしいと思います。

教職員の考えを引き出す

そしてファシリテーションです。ファシリテーションとは、日本ファシリテーション協会のHPによると「人々の活動が容易にできるよう支援し、うまくことが運ぶよう舵取りすること。集団による問題解決、アイデア創造、教育、学習等、あらゆる知識創造活動を支援し促進していく働きを意味します」とあります。

自校において、ファシリテーションは意識されているでしょうか? 職員会議や企画会議のような場で、みんなが発言しているでしょうか? 一部の教職員だけが発言して議事が進行していないでしょうか? シーンとしていませんか?

全員が発言することはむずかしいことかもしれませんが、忙しいなかせっかくみんなが集まってきたのに、自分の考えを何も話さなかったらもったいないですよね。

ですが、だからといって、「みなさん発言してください」と言えば、発言が増えるでしょうか？　授業では発言を促すときに、どうしていますか。「発表しなさい。発表しないと評価に響くよ！」などと言っていますか？　職員会議でも同じようにやると、きっとものすごく嫌な雰囲気になりますね。

みなさんは、こんな感じで授業を進めているのではないでしょうか。

「では、隣の人と話してみましょう。次にグループの人と話してみましょう。そのとき、人の意見を否定しないようにしましょう。一人で長く話さないようにしましょう。人の話は最後まで聞きましょう。うなずきながら聞きましょう。話を聞いたら付箋にコメントを書いておくといいです」

「グループでは、どんな話が出ましたか？　グループで出た意見や友だちの意見で『いいなあ』と思ったものを紹介してください」

「今、紹介してくれた意見に質問はありますか？　同じ意見と違う意見に分けてみましょう。共通することを見つけて新しい意見をまとめていきましょう」

これを職員会議でもできませんか？　そうすれば、ワイワイガヤガヤとみんな活発に話し合います。一部の人だけが話し、あとはシーンとなっていた職員会議がウソのようです。みんなが楽しい職員会議になります。

その職員会議のファシリテーターを校長先生がしてみたらどうでしょう。教職員が嬉々として話し合う姿を見たら、校長先生も幸せになりますよ。

私は、年度初めの職員会議で「問い」を出し、グループで話し合ってもらって、全体共有するときのファシリテーターをやっていました。「円たくん」を使ったワークショップを行ったこともあります**（写真2）**。

近隣の学校の先生たちの研修でも、ファシリテーターを務めました。安心して話し合える雰囲気づくりをして、参加してくれた教職員の意見を引き出すことに専念しました。

校長がファシリテーション力を高めると、話し合いの場が柔らかくなり、意見を言いやすくなります。ときどき、近くの人と話し合う時間をとれば、場がなごみます。

校長先生が「温める・引き出す」ファシリテーションにチャレンジして、ファシリ

写真2　円たくん

テーターを学校中に増やせば、いずれは教職員全員がファシリテーターになります。そうすれば、授業も職員会議も楽しくなります。

「教職員と教職員」「教職員と保護者」「教職員と地域」「保護者と地域」をつなぐことを視野に入れてファシリテーションを行うことによって、学校組織マネジメントが具体化されます。

3章

学び続ける校長になろう

学校が変わるために

校長自ら変わる

学校経営をアップデートさせていくために、どのようなことが必要でしょうか。

「変わらないといけないとは思っている」

「変えないといけないとも思っている」

しかし、「変えたいと思っているけれど、変わらない」のはなぜでしょうか。その原因は、実は校長自身が変わらないことにあるのではないでしょうか。

管理職が人や組織を「変えたい」と思っても、誰しも人から「変えられる」のは嫌なものです。であれば、人が自ら「変わりたい」「変わろう」と思えるような管理職であることが、まずもって必要です。

だとすると、どのような管理職のありようが求められるでしょう。

「学校を変える」と言うと、外からの圧力で強引に変えられるというイメージがあるかもしれません。本当は、「学校が変わる」ということだと思います。学校が「自ら」変わるのです。そしてその中心になるのは、学校のリーダーである校長です。

学校が変わるために、校長にできることは何でしょうか？

結論を言うと、「自分が変わる」ことです。自分が今までどおりにやっていて、人にばかり変わってほしいと思っていても、うまくいかないことの方が多いですから。

それでは、リーダーが自ら変わること＝自己変容は、どのようにして実現するのでしょうか。

まず、「自分の大切にしていることとつながる」ことです。あなたの、今の思い、未来への思い、譲れない思いは何でしょう？　一人ひとりが、その人だけのタレントを持っています。湧き上がる思いに従って、本領を最大限に発揮したときにこそ、自分がこの世に生まれてきた意味を感じられるはずです。忙しい日常のなかでは、「やらねば」サイクルに振り回されることもありますが、「やりたい」サイクルで生きていくことです。

あなたが大切にしている〝根っこの思い〟は何ですか?

次に、恐れず、チャレンジすることです。安全地帯から抜け出して、未知の自分にチャレンジします。最初は不安や居心地の悪さがあるかもしれません。でもその先に、自分が思い描いていた未来の自分がいるはずです。自己変容へのオープンマインドが、新しい扉を開きます。チャレンジすることで、あなたの知らない未知の自分を発見するかもしれません。それはワクワクするような、大きな楽しみになります。

そして、信じる世界を体現することです。自分が「信じる力」を信じることです。思いつきであれ、妄想であれ、ちょっとした遊びであれ、ふざけたようなことであれ、学校というコミュニティこそ、そういうことにチャレンジできてしまう魅力的な実験室でもあります。

きっと、そのアイデアを信じて見守ってくれる仲間がいます。常にフラットな関係を築いていれば、一緒にチャレンジしてくれる仲間もいるはずです。そして、試行錯誤しているうちに、ありたい姿が見えてきます。どんな学校をつくりたいか、その姿を描き、それを心から願い、今ここから信じる未来を生きてみることです。

思い立ったが吉日。思いは試してみること、やってみることです。どのように変わりたいか？　なぜ変わりたいか？　それを明確にすることです。

リーダー自らが自己変容することで、それを見ていた先生たちが変わることが期待できるわけですが、なかなか一歩を踏み出せないでいる先生もいます。そんなとき、リーダーにできることはひとつだけ、「後押し」することです。「やってみたら！」「応援するよ！」「やってみない？」と言うだけです。

サントリー創業者の鳥井信治郎氏の「**なんでもやってみなはれ、やらなわからしまへんで**」という言葉は、価値ある商品をつくり出すために、積極果敢に挑戦し続けよということだそうです。

このような言葉に後押しされて、一歩を踏み出し、自己変容していく人が多くいたのだと思います。信頼している人や尊敬している人がかけてくれる後押しの言葉は、人が自ら「変わろう」と思う原動力になるのです。

仲間と根っこでつながる

かつて英国のシューマッハ・カレッジを訪れたとき、創設者のサティシュ・クマールに「職員室を変えたい」と私が相談して言われたことがあります。

「鎧を脱いで、一緒に食事をしなさい。食事が無理ならお茶を飲みなさい」

それは、仲間と「根っこ」でつながるということです。校長という肩書きをはずした「まるごとの人」として相手とつながるということです。

今の仕事や立場だけでなく、その人の根っこの想いや、その人にもまだ見えていない可能性を見出すことで、その人の痛みを自分の痛みとして感じるほどの運命共同体になったとき、本物の変容が起こるというのです。

帰国後、早速、職員室に楕円のテーブルを設置してカフェコーナーとし、みんなで語り合える場をつくりました。するとそこで、さまざまな立場の教職員がコーヒーを片手に対等に相談したり、アイデアを出し合ったりするようになりました。

さらに、校長室にホワイトボードを設置して、いつでも誰でも自由に入って使えるようにしました。心の壁が低くなり、お互いにつながりやすくなりました。そのことによって、変革のアイデアも出やすくなり、お互いに共有しながら進めていくことができました。

「身体の声」は可能性の扉

前任校の横浜市立日枝小学校では、校長室にハンモックを設置して、相談や面談にも使用しました（65頁参照）。ハンモックにゆられながら話をすることで、不思議とスムーズに気持ちを伝え合うことができたようです。

今までの思考の枠組みを越えて、新しい何かを生み出したいのなら、頭で「考える知性」と同じくらい、身体で「感じる知性」も大事にすることです。身体の喜びや違和感は、人間が持つ超高性能なセンサーからの大事なシグナルです。「身体の声」に耳をすませましょう。頭はまだ知らない、身体が知っている智慧がそこにあるかもしれません。

自分をめぐる大きな環に想いを馳せよう

私たちが今変えようとしていることや、新たに取り組もうとしていることのほとんどは、先人が紡いできた長い歴史のなかに見られます。いくら先進的な取り組みと言ったところで、まるっきりのオリジナルなんてありません。

「温故知新」。先人の考えをリスペクトし、歴史から学ぶ姿勢が大切です。

そして、私たちには数世代先の未来を見据える責任があります。私たちは命のバトンをつないでいます。生命・自然・経済・産業はすべてつながり、お互いに影響し合っています。

システム全体や循環を感じることから、私たちの使命が見えてくるはずです。

１００年後の世界から今を見たとき、私たちが本当に起こすべき行動はなんだろう？

持続可能性やＥＳＤの視点から、そんなことを考えて変化を起こしていくことも必要です。

違和感にこそ、次の時代のうねりがある

多様性を持った私たち。集まっている人たちが気づかないでいる異なる価値観を知り、認め合いましょう。もやもやしたり、違和感を感じることもありますが、未来をつくる時代の声を感じましょう。次の時代のうねりは、すでに生まれているのです。

今、学校には「変わらなければならない」という圧力がすごいですが、学校は今ま

で変わってこなかったわけではありません。今は社会の変化が激しいので、未来を生きる子どもたちにとって何が必要かということを考えながら学校を変えていくことが必要になってきたのです。

ですから、学校の「変え方」を変えないといけないのではないでしょうか。

これまでは、過去をふり返りながら「今をどう変えるか」と考えてきましたが、これからは「未来をどう変えるか」という考え方から今を考えていくことになるのではないでしょうか。

社会の変化を鋭くキャッチして、これから先の未来を生きる子どもたちに何が必要かということを考えながら、学校が変わっていく――そういう変わり方をしていかないと、社会の変化のスピードについていけません。

未来を見据えて変わり続けることが、今の学校には必要です。過去から学び、現在の社会の状況も常にキャッチし、さらにこれから先の未来を見通すということが、今の学校リーダーには求められるのです。

ですから、学校のリーダーである校長は学校に閉じこもらず、率先して学校の外の場所とつながり、社会の変化に敏感になっていく必要があります。校長自身が変わること、今までの自分のあり方を見直して、自分自身変化し続けることが大切です。自分のあり方を常にバージョンアップしていくことが、結果的に学校の未来をつくる土壌になっていきます。

だから、校長は閉じこもらず、外に目を向け、外に出ることが欠かせないのです。自分自身が学んだことによって、自分が変わったということを教職員にちゃんと見てもらいましょう。

また、教職員を外に連れ出し、教職員自身が外の世界を見られるようにすることです。そうすることによって、自分の学校のよさを改めて発見できます。外でいいモデルを見ると、自分たちもやってみたいと思うかもしれませんし、参考にして自分の学校でできることを考えてやろうとするようになるかもしれません。

どこの学校にも、キーとなるそんな教職員が必ず一人や二人はいるはずです。そういう仲間が増えていけばいいのです。ドミノ倒しでどんどん倒れていくように変わっていく。距離感をうまく保ちながらドミノ倒しのように徐々に変わっていくことです。変わることのよさを実感しながら徐々に変化していく方法です。これを私は「変化」

ではなく「変容」と表現しています。

急に変わることはありませんし、急に変わる必要もありません。急に学校が変わると、すぐに元に戻ってしまうことが多いです。学校にいる人たちがどんどん元気になっていく、どんどんやる気になって動き始める、そんな状況が生じてくること、「変わる」とはそういうことなのです。

これからの校長に必要な視点

他人も自分も疑ってかかる

これからの「正解のない」時代を生きるには、私たちは自分の頭で考える努力を続けていかなければなりません。ただ、そんなとき、自分の主張を強固にするための意見や情報ばかりを求める人がいます。

でも、「正解のない」時代だからこそ、本来最も避けるべきは、バイアス（偏り）のある意見や価値観のはずです。ですから、校長が現実に起きていることを客観的に把握し、分析し、的確に行動へ変えていくためには、どうしても全体を見渡す力＝俯瞰力が必要となります。

●自分と同じ意見だけを受け入れ、違う意見を排除していないだろうか
●多数の意見が正しいと思い、少数意見を切り捨てていないだろうか
●自分の考えだけが正しいと思い込んでいないだろうか
●相手はこの問題を、どんな背景から見ているのだろうか
●問題を直視せず、思考停止になっていないだろうか
●人に左右され、問題の本質を見ていないのではないだろうか　など

そんなことを、一つひとつ自分の頭で問い続けることが、今求められているのではないでしょうか。

このような姿勢を身につけると、みんなが気づかない課題を発見し、関係者全員が受け入れられるアイデアへと導くことができます。みんなが発想できないイノベーティブなアイデアは、今、組織が最も欲しているものです。

努力はもちろん大切ですが、その方向性を間違えると、視野が狭くなることもあります。自分の立場に添うものだけを拾わずに、常に疑ってみること、批判的思考力を

高めることが大切です。他人だけでなく、自分でさえも疑ってかかること。それが本当の意味での「考える」ということではないでしょうか。

私が長年取り組んでいるＥＳＤ（持続可能な開発のための教育）は、現在、ＥＳＤ ｆｏｒ ２０３０と呼ばれる段階に入っています。２０３０というのは、ご存じのとおりＳＤＧｓ（持続可能な開発目標）の最終年です。ですから、ＥＳＤ ｆｏｒ ２０３０は、ＳＤＧｓ達成のためのＥＳＤとも言われます。

そのなかで、ＳＤＧｓそのものも批判的に見ていくことが必要です。ＳＤＧｓでカバーできていない課題はないのか？　取り上げられているテーマへの取り組みは本当に変容をもたらすのか？　結果的に持続不可能性を加速させていないか？などです。

ＥＳＤは、変容のための教育、これまでの教育自体を持続可能にするという見方も大切にしています。さまざまな情報や人の意見を真に受けず、自分で考え、判断し、行動に移すことができるように教育を見直すことです。

ＥＳＤを実践している学校自体が持続可能なのかという問いを持つ必要もあります。ＳＤＧｓ達成に向けて取り組む学校はたくさんありますが、本当に環境・経済・社会

（・文化）がバランスよく存在できるように取り組まれているのかを考えることです。そのなかで、すべての問題はつながっていることに気づき、さまざまなステークホルダーと連携しながら問題解決にあたることも学ぶようにしたいものです。

そして何よりも、新しい学びであるＳＤＧｓや探究などに取り組む学校が、旧態依然とした体制、前例踏襲の文化で古いシステムであるならば、新しい教育を行うことはできません。答えのない問いに向き合う学びには、年齢も立場も関係なく、フラットに連携・交流・共創していくことが必要です。それが実現できるような学校システムに変えていかなければ、持続可能な学校は実現しません。持続可能な社会は、持続可能な学校からです。

自分を客観視する方法

自分の考え方や、拠りどころにしている価値観をいちど疑ってみるには、どうしても自分を「客観視」する必要があります。でもこれは、「言うは易く行うは難し」です。冷静になって自分を疑うのは、けっこうむずかしいことなのです。

そこで、私がよく使う比較的簡単な方法をご紹介しましょう。それが、「自分の感情を自分で叙述する」ことです。たとえば、ひどい出来事があって心が乱れてしまったときは、「私は今、ショックで混乱しているみたいです」と、自分に語りかけてみるのです。すると、それだけで不思議と心が落ち着き、自分を客観視できる態勢が整っていきます。

また、紙に文字で書き出すのも効果的です。私は自分の感情が乱れたとき、どんなことも、まず時間を置くようにしています。そして、自分が「おかしい」と感じることを声に出したり、紙に書き出したりします。

なぜ、いちいち声に出したり書き出したりするかというと、実際に言葉にしてはじめて「自分が不満に思っているだけ」なのか、「本当に相手や周りがおかしい」のかを冷静に判断できるからです。

「論破」は賢明な手法ではない

自分が信じること、あるいは単に意見を表明するときでも、「自分の主張を強引に通そう」とする人がたくさんいます。最近では、それが「論破」などと持ち上げられることもありますが、賢明なやり方とは思えません。「自分の主張を通す」ことの裏には、「相手の主張を退ける」意図があります。勝つか負けるか。正義か悪か。白か黒か。そんな二項対立から、建設的な解決はほとんど生み出せません。

「間違っていることは、間違っている」「正しいことは、正しい」、そう語る人は、自分こそが間違っている可能性があることに気づけないという、致命的な状態に陥っています。

そもそも、人間や組織同士の関係はとても複雑なものです。当たり前ですが、関係者すべてを二つに分けられるはずもなく、なかには板挟みになって苦しむ人がいたり、全員を出し抜こうとしている人がいたり、もっと別の動機を持つ人もいたりします。

要するに、「自分の主張を通そう」としても分断が起こり、ものごと全体をさらに混乱させるだけなのです。

では、どうすればよいのでしょうか？

それは、「全体がよりよい結果を得る」ことを目指すことです。これは妥協ではありません。そうではなく、相手の立場を理解し、互いの主張を少しずつ取り入れながらも、まったく新しい第三の道を探っていくということです。このような視点を持つと、次元の高い解決策を生み出すことができ、個人でも組織でも、より向上することができるでしょう——と言う人は多いのですが、実は私は、それは現実的でないと思っています。

コンフリクト・マネジメント（対立を、組織の活性化や成長の機会と捉え、積極的に受け入れて問題解決を図ろうとすること）という手法があります。それは、日常的に起こる葛藤や対立をマネジメントすることです。

とにかく、日々起こることのほとんどが人間関係による葛藤や対立ですので、それはそれとしてしっかり受け入れつつ、マネジメントしていかなければなりません。

みなさんも毎日のように起こる対立や葛藤に向き合っていると思います。対立を乗り越えるためには、対立を避けて通れませんが、現実には対立を歓迎せず、避け続けることの方が多いようです。「あの人が言っていることに反対しない方がいい」「自分は違う考えなのだけど、みんなは同じようだから言わないでおこう」「立場上、ここはみんなの意見に従っておこう」「こんなことを言ったら激怒される」「私が言ったのがわかったら、攻撃される」「黙っておくのが得策だ」……という考えになる人が多いのではないでしょうか。

子どもには、「自分の意見を持つこと、自分の意見を言うことが大事」「対話が大事」「合意形成が大事」「二項対立からは答えが出ない、新たな第三案を見つけよう」と言いながら、対立を避けるために対話を避けているのが現状ではないでしょうか。人はみんな価値観が違いますから、同じことを見ても見え方は違います。ですから対立することは当たり前であり、悪いことではありません。

コンフリクト・マネジメントは、対立を乗り越えるスキルを身につけることです。対立を避けて、表面的な解決をし続けていると、常に不満があり、お互いを認め合えない組織になってしまいます。そして、何か事件が起こったときには、人のせいにして自分を守ろうとする残念な組織になってしまいます。エネルギーと覚悟が必要ですが、強靭な組織にするためには、対立を歓迎し、対話を通して問題解決する文化をつくっていくことが求められます。

コンフリクト・マネジメントでは、ケネス・W・トーマスが提唱する「二重関心モデル」において、対立した場面で「協調」「妥協」「強制」「服従」「回避」の五つの態度が見られると整理しています。このなかでは、対話を通して第三案を導くような

「協調」が確かに望ましいのですが、本当に日常的にそんなことは起きているでしょうか。

対立した場面で、現実には、「声の大きい、力のある誰かの言いなりになる」「自分の考えを強引に押し通し、言うことを聞かせる」「その場にいるのが耐えられなくて逃げる」「このあたりで手を打とう」ということが起きているのではないでしょうか。

そして、それもまんざら悪い答えと言えないこともあります。

A案とB案があって対立したとき、とりあえずA案でやってみたらよかったので、B案の人も安心してA案に賛成するということがあります。授業を見ていると、子どもたちの話し合いのなかでけっこう見られる場面です。時間をかけて導き出した第三案が、必ずしもいい答えかどうかわかりません。

そもそも、A案でもB案でもどちらでもいいことが多いような気がします。それは、私が若手の頃に職員会議で教職員が対立する場面を見るたびに感じていたことです。

「どっちでもいいじゃん」

きっと、どちらも提案をしている人は自分が正しい、よりよい提案をしていると思っているのですから、どちらかが間違っているということはないのだと思うのです。

ですから、「どちらに決まってもいい」と思っていました。

なんならA案とB案の両方やればいいのに、とも。そんなことを言う人はいませんでしたが、両方できる方法を考えればいいのです。答えは、A案、B案、C案、A＋B案、ほかにもあるかもしれません。「これでなければならない」という凝り固まった考えは捨てたほうがよいのです。


いずれにしても、学校内にコンフリクト・カルチャーをつくる（対立をポジティブに受け入れられる組織文化）ことが大切です。対立のなかで対話をする有用性を伝え、フラットに意見が言い合える場をつくることです。自分を客観視し、相手の立場や価値観を理解して尊重すること、チームの共通課題・目的を再認識して「誰が正しいか」でなく「何が正しいか」を考えることが重要です。

校長が積極的にコンフリクトを受け入れましょう。それが、校長がいなくとも教職員が自ら対立を協調的に解決する風土をつくることにもつながります。校長が教職員に対してコンフリクト・マネジメントをできないと、教職員間で対立関係が生まれません。意見の対立こそ真の合意形成の源と心得ましょう。違った価値観の教職員が集まっているのですから、対立するのが健全です。

人として成長する唯一の方法は、反対意見に耳を傾けること。
ケイト・マーフィ

マイノリティの視点

相手の立場を理解するために覚えておきたいポイントが、相手が「マジョリティ」なのか「マイノリティ」なのかという点です。たとえば、日本人は、国内にいると自分が日本人であることを意識することはほとんどありません。でも、いったん海外へ行くといきなりマイノリティとなり、感受性が鋭敏になることで、他者の悪意がない言動にも傷ついてしまうことがあります。

このように、誰にでもマイノリティの部分があります。また環境や条件によって、自分のなかにマイノリティの部分が生じることもあります。大切なのは、何かを判断したり表現したりするときに、必ず「マイノリティ」の視点を持とうと意識することです。

「悪気はなかったんだ」――これは、マジョリティの傲慢《ごうまん》です。無邪気だったり無神経であったりすることが、マイノリティを深く傷つけていることにもっと自覚的になるべきなのです。

今後、社会はますます多様性を増していくでしょう。そんな時代に、「自分はいつでもマイノリティになり得るのだ」と思える感受性がない人は、多種多様な人とコミュニケーションができず、活躍の場所がどんどんなくなっていきます。自分のなかの「マイノリティ」に耳をすますことは、これからの時代にとても大切な態度になると思います。

「俯瞰力」でバランスのとれた視野と思考を

残念ながら、今の日本社会には、目立つ個人を徹底的にバッシングする傾向があります。そこにあるのは、「みんなと一緒でいたい」という潜在的な不安感なのかもしれません。人を貶めることで溜飲を下げ、自身の心の奥底にある不安感をなぐさめる。そんな風潮が蔓延していくと、社会はどんどん狭量な生きづらい場所になっていきます。

だからこそ、良識ある人は、偏った考え方や価値観にとらわれずに、社会や集団からはずれた人たちを受け入れることができる「俯瞰力」を持つ必要があります。努力によって「自己の成長」へと踏み出しながら、同時に、バランスのとれた視野と思考を育む必要があるのです。

学校の外で学ぶ

「校長ぶっちゃけ」ができる校長会に

みなさん、校長会についてどんなイメージをお持ちでしょうか?

私は校長を12年やってきたなかで、校長会の副会長を務めたことがあります。新たに役員になった校長と体制を変えようと試みてみましたが、前例を変えることはむずかしく、例年どおりの計画を大きく変えることはできませんでした。だんだん形式的な運営にも慣れ、校長会を変えようという気持ちも薄れていきました。毎月のように行われる校長会も事務的な連絡事項が多く、話し合うことといえば事案の対応で、それに多くの時間が割かれました。残念ながら校長のリーダーシップやマネジメント、学校づくりに関する話題は皆無と言っていいほどだったと思います。

ですが最近では、校長会も場所によって運営や役割に違いがあると思いますが、研修会や講演会で呼ばれてお話しすると、たいへん喜ばれることが多いです。お役に立っているとすれば、うれしいことです。

他方で、私の話を喜ばれるというのは、きっと普段の校長会は事務的なことや決められたこと、やらなければならないことが多くて、「やらされ感」を抱かざるを得ない場となってしまっているからなのかもしれません。

私が校長会にいたときも、自分のことや自校のことについて話したり、継続的に取り組むことは少なかったです。学ぶことやインプットすることは多かったのですが、それもそのときだけの学びだったような気もします。

そこで、横浜市で統括校長になったとき、毎月一回の校長会の場で、毎回テーマを決めてグループワークをするようにしました。それまでの校長会は、指導主事や外部講師をお招きし、話を聞いて、質疑応答というオーソドックスなスタイルでした。私は「それでは自分がリーダーとなって校長会を行っている意味がない」と思いました。

毎月、テーマを決めてまず話し合い、アクションプランをつくって、翌月はそのふり返りをすることにしました。単発で終わらせず、自校の課題解決に取り組むようにしたのです。校長会でアクションプランをつくって、1ヵ月間取り組み、次にふり返りワークショップをしました。そしてまた次のテーマで話し合い、アクションプランをつくって取り組む、という循環をつくりました。最後には、近隣校でお互いの課題を聞き合い、次年度に向けたアクションプランをつくって年間を通して取り組むようにしました。

校長会って、いったい何でしょう?

校長会には校長しかいないのですから、校長にしかできないことをやればいいのです。校長しかいないのですから、校長にしかわからない悩みを共有できればいいのです。「校長ぶっちゃけ」ができればいいのです。

それには校長間で上下関係がなく、フラットにかかわり合える場が必要です。校長のリーダーがファシリテーターとして、場を温め、助け合い、高め合える校長会をつくっていくことです。

教育委員会も、学校に「任せる」

ある自治体の教育長・教育委員会事務局職員を対象に、教員の働き方研修をしたときの話です。

管理職や教務主任が働き方改革の計画を立てて教職員にやらせるのではなく、教職員自身が計画を立て、自分の働き方を自分で決めることを大切にしたい、ということを伝えました。

すると、研修後の懇談会で、教育長が「これまで私はマイクロマネジメントをしてきました。学校を信じて任せることが大切ですね。考え直してみます」と話されました。

教育委員会も、学校に「任せる」ということです。なぜなら、教育委員会が任命した校長の学校です。「校長は、教職員に任せる」「教職員は、子どもに任せる」、そうすることで、校長は学校経営に専念できます。

教育委員会が校長にリーダーシップを求めるなら、校長が学校にしっかり向き合って仕事ができるように、支え、応援するというスタンスでかかわっていただきたいと思います。教育委員会は、学校と校長を見守り、校長は教職員を見守り、教職員は子どもを見守るというベクトルです。

このベクトルが逆になってはいけません。教育委員会は、校長が教育委員会を見て仕事をするようなことをしてはいけないのです。ですから、教育委員会はマイクロマネジメントをやめた方がよいのです。

また、校長も教育委員会にマイクロマネジメントを求めてはいけません。校長は、しっかり学校を見て、自分でマネジメントすることです。「信じて任せる循環」を教育委員会から起こしていただけると、各学校できっとすばらしい教育実践が実現すると思います。

4章

これから校長になる方へ

今の苦労をどう受け止めればよいか

妄《みだ》りに人の師となるべからず、又妄りに人を師とすべからず

吉田松陰

そもそも教師というのは、人の「師」となる職業です。その教師を監督する立場である校長になるということは、生半可なことではありません。しかし、新しい役割を誤解しているため、校長として行動できるまでの時間が必要以上にかかってしまうケースが多いようです。

それまでに抱いていた「校長のイメージ」が、あまりに単純だったか、不完全であったために、誤った期待を抱いてしまった結果、苦労も多くなっているのかもしれません。期待と現実のギャップを埋めようとして、四苦八苦されているのではないでしょうか。たとえば次のような思い込み・誤解を自覚することによって、苦労も少しは軽減し、成功のチャンスが飛躍的に広がると思います。

思い込み①校長の権威は絶対的なものである

校長に、「あなたの役割はなんですか?」と尋ねると、たいていは立場が変わったことで得られる権利と特権について語られるのではないでしょうか。校長と呼ばれる職に就いて、権威が高まり、自由と自律性が高まると思い込んでいるというわけです。

ところが、そのような思い込みを抱いた校長は、早晩冷水を浴びせられることになると思います。権威を手にするどころか、いつのまにか複雑な人間関係にからめとられてしまいます。教職員、地域や保護者等からも相矛盾する要求が容赦なく突きつけられ、それらの人間関係のせいで身動きできなくなってしまうのです。

だからこそ、「権力者になった」などという幻想をさっさと捨て、交渉しながら相互依存関係を深めていかなければならないのです。そうした現実を受け入れない限り、校長のリーダーシップなど望むべくもありません。

真のリーダーシップを身につけるには、教職員だけでなく、学校が置かれている環境も含めて管理する必要があるという考え方が必要です。学校を支える各関係者との「あるべき関係の姿」を具体的に思い描き、実りある関係を構築しない限り、学校がその使命をまっとうするうえで必要な経営資源は得られません。

思い込み②校長の権威を過大視する

確かに校長にも一定の権限が与えられていることは事実です。ただし問題は、校長というポジションはまさしく権威であり、自分の権限はその権威によって保証されていると、誤解してしまうことです。

当然、そのように自身の権威を過大視して管理に当たった場合、独裁的な指示・命令に走りがちです。与えられた権力を行使したいからではなく、成果を実現するにはそれが最も効果的であると思い、そうしてしまうわけです。ところが、上意下達の命令に教職員がいつも従うとは限らず、それどころか優秀な教職員ほど従順ではないこともあります。

そこで、まずは自分の「人格」を示す必要があるのです。とりわけ、それは、校長の真意を探ろうとする教職員との関係において大切なことです。

そして、自身が適切に行動する能力を持ち合わせていることを示すこと、そして自分の影響力があることを示す必要もあるのだと思います。

思い込み③管理しなければならない

校長のなかには、慣れない役割への不安も手伝って、教職員に服従を望む人がいるようです。一日も早く手なずけないと、やがて好き勝手をやらかしかねないと危惧するわけです。しかも、統制しようという気持ちのせいで、自分の考えを押しつけて、つい権威に訴えてしまいがちです。

しかし、いかにことがうまく進んだとしても、このやり方には問題があります。制度上のものであろうと、自ら努力して獲得したものであろうと、権威に頼った方法では偽りの成果しか得られません。権威による服従が、自発的なやる気に勝ることはないのがその証拠です。誰でもやる気が損なわれれば、持てる力を発揮しようとはしないものです。教職員が自発的に考えて行動しない限り、望むような成果は得られないのです。

大きな影響力を行使できるのは、権威に頼らず自分の権限を教職員と共有しようと努める校長です。教職員が主体性を発揮できるようなリーダーシップを身につけることが、教職員の信頼を得るための近道です。

思い込み④教職員一人ひとりと良好な人間関係を築かなければならない

校長がお互いに信頼し合う関係を大切にし、周囲の信頼によって権威を身につけるためにはどうすればよいのでしょうか？　それは、さまざまな関係者から信頼を得て、自身の影響力を広げ、周囲と期待し合う関係を築いていくことです。生産的な人間関係が築かれれば、たいていの目的は叶えられるはずです。

とはいえ、最終的に校長に求められるのは、教職員の力を最大化する方法を見つけることです。それこそがマネジメントだと私は思っています。ただし、一対一の個人的な関係を重視しすぎると、学校全体に悪影響が及びかねないので注意が必要です。

最初は、組織づくりという責任をまだ自覚できず、それに取り組むことも現実的には不可能です。それどころか、「組織を管理するには、まずは教職員から」と、教職員一人ひとりと良好な人間関係を築くことこそ自分の仕事だと誤解してしまうのです。その結果、教職員個人の実績にばかり目が向いてしまい、組織文化や組織としての実績には無頓着になってしまいます。教職員同士で議論し、問題解決や原因の究明に当たる場面など、滅多に見られなくなります。

つまり、一対一の関係にこだわると、リーダーシップの基本である「教職員同士のつながりをエネルギーとして、個人の業績を改善し、やる気を高める」ことを無視することになってしまう恐れがあるのです。校長は、健全な組織文化（規律と価値観）を形成することによって、さまざまな力の持ち主が問題解決力を発揮できるようにすることが必要なのです。

思い込み⑤なによりも円滑な業務運営を心がける

校長には、複雑に絡み合った山積する業務がありますが、すべての業務を円滑に運営するのは、信じられないくらいむずかしいものです。ですから、現状を維持するだけでもひと苦労でしょう。

その一方で、教育活動をより向上させる改革案を示し、それを実行する責任を負っていることも自覚しなければなりません。

ところが現実は、教育委員会から示された改革プランに従うだけになっていないでしょうか。それでは、改革者としての自覚に欠けていると言わざるを得ません。組織のヒエラルキーに従った思考と権威へのこだわりのせいで、自分の責任をあまりにも狭く定義してしまっています。その結果、取り組みが失敗したらその責任を制度や教育委員会に転嫁しがちです。また、誰かが解決してくれるだろうと他力本願にもなりがちです。

しかし、校長たるもの、職務の範囲内であろうが、それを超えていようが、自分の学校の成長に向けて改革を起こす義務を負っているのです。そこまでの権限が与えられていないことを無視してでも、学校のために取り組まなければいけないのです。そのように視野を広げられれば、自分のみならず、学校にとってもたいへん有益なことだと思います。


以上、これらの「誤解」を認識することができれば、不必要な悩みから抜け出すことができるのではないかと思います。

質疑応答集

「信じて任せること」は、校長にも心の余裕がないとなかなかむずかしいと思いますが、住田先生はどのようなことを心がけておられたのですか？　感情のコントロールも含めて教えてください。

任せることで時間と心のゆとりをつくることです。教職員への評価基準を下げる（存在承認）ことです。ハードルを上げると、なかなか承認することができなくなります。そうするとお互いにイライラします。

「学校にいてくれて助かる。学校に来てくれてありがたい」

そのくらいにハードルを下げれば、感謝しかありません。

また、人によって、設定するハードルの高さを変えます。人の目を気にしないようにすることも大切です。人はどう思うか、人はどうしているか、人と比べることばかりやっていると自己肯定感が下がります。そうすると心がゆれます。

怒っても解決しませんし、事態は好転しません。私もどうすればいいか、いつも考え、悩んでいます。ですから、話す、聴くを徹底的にやっているのです。

住田先生のバイタリティの源をうかがいたいです。

体調さえ悪くなければ、話しているとアドレナリンが出て元気になります。みんなそうではないでしょうか。話せば元気になるのですから、相手に主導権を渡して相手に話してもらい、相手が元気になる方がよいです。

講演や研修は、参加者によって講師が元気づけられているとも言えます。元気にしたい人には、話してもらうのが一番です。教職員が元気になってくれるのが、私の元気の源です。

学校経営を進めていくうえで、学校外の窓口や職員を束ねる役割を持つ教頭（副校長）の動きも大きく影響すると思います。教頭育成もサーバントリーダーシップが基本と思いますが、今回の研修にはなかった留意点がありましたらご教示いただけますと幸いです。

とにかく、副校長・教頭とよく話すこと、話を聴くこと、提案してもらうこと、意見を言ってもらうこと、教職員に議論しているのを見てもらうこと（喧嘩ではなく）、否定しないこと、褒めること、文章を直してもらうこと、自分のやりたいことをやってもらうこと、校外の研修などに連れていくこと、教職員に問うことを学ばせること、などでしょうか。

住田先生でも、どうにもできなかった、ならなかったという出来事はありましたか。

もちろんあります。そういうことは、どうにもならない、どうにもならなかったということを理解するようにしていました。「もう、これはしょうがない」ということはあるものです。それでいったんそこから離れたり、忘れたり、前に進んだりします。でも、その後もタイミングを見計らって、どうにかしようとして、実際にどうにかなってしまうこともあります。きっと、マネジメントとは、どうにかする力のことです。ジタバタせず、現状を理解し、対応して「これでよかったんだ」と言えることも、校長には必要だと思います。校長には権限と責任があるわけですから、決めたら実行するだけです。

「教える」「任せる」「見守る」の「教える」を、どうトップダウンにならないように教職員に「教える」のでしょうか。

トップダウンが悪いわけではありません。トップダウンで教えることもあるでしょう。ただし、子どもと同じで、教えっ放しにならないようにフォローは必要です。本人が行動に移せるように考えてもらうために、教えたら対話の時間を持つことです。本人に学ぶ力があれば、問いを発しておくだけでいい場合もあります。私は、問いを発して放し飼いにしていました。ケアと承認と感謝がベースにあったら、どんなかかわり方でもいいと思います。

「教える」ということをどうとらえるかという問題もあります。「教える」を狭い意味で考えるか、広い意味で考えるか。そのあたりはけっこう奥深い問題です。

授業で考えてみても、いろいろな教え方があります。「教え込み」はよくないのかもしれませんが、「教える」というのは一概にトップダウンと言い切れないのかもしれません。「任せる」「問う」「見守る」も「教える」ととらえたら、どのように解釈できるでしょう？

住田先生自身が壁にぶつかったときやうまくいかないときに、どう発想を転換するのか、心がけていることがあれば教えてください。

壁をつくらないようにしています。壁があったら、低くして越えていくようにしています。そのためには、まず自分の足元を固めておく必要があります。それが自分を知ることです。そして、相手を知り、いかにつながるかを考えます。

また、壁はあるもんだ、うまくいかないこともあるもんだ、と思うようにしています。と言いますか、うまくいかないことの方が多いです。そんなものです。自分の思いどおりにはいかないことだらけですから、そのなかで折り合いをつけていくことが大切です。リスクマネジメントと言いますが、それは理由で、そんなにうまい解決はできないと思っています。

選択肢をたくさん持っておくこと、多様な視点で考えてみることが大事です。そのためには、常にゆとりをもって、自分のキャパシティには隙間をあけておく必要があります。隙間がなければ、キャパシティを広げればよいのです。これまでよりも、自分の道幅を広げて隙間をあけることです。そして、ゆったりかまえて、コーヒーを飲みながら、コンフリクト・マネジメントを実践することです。

私も、任せることを中心に学校経営をしていますが、そのぶん校長の責任が明確になってきます。私の思い・学校経営（いろいろな方法で徹底を図っていても）を十分理解できていない場合や、教育者としての経験不足や資質不十分等でトラブルになることも多いです。そのトラブルを通じて教師は育つのですが、逆に教師としての自信を失わせてしまうような事例も多くなってきたので、そのフォローも大切だと感じています。上からの報告・連絡・相談は重要です。「任せる」ことと報告・連絡・相談の徹底の兼ね合いが非常にむずかしいと感じています。

よく理解できますし、共感します。介入すべきかどうか迷うことはよくあります。

助け合いが生まれているようなら手出ししませんが、危機的状況だと思われるような雰囲気であれば出ていかざるを得ません。そういうとき、まだまだ自分の経営力は未熟だと考えるようにしています。

少し改善して、前に進み始めたら、見守る姿勢に戻ります。校長は、子どもが学びやすく、教職員が働きやすい環境をつくることが仕事です。そのために、ともに育つ学校づくりをしているのです。試行錯誤の連続ですよね。正解はありませんから、いい匙加減を見つけてください。

教職員の考え方を変えたいのですが、どうすればいいでしょう。研修は計画的にやっているのですが、結局、教職員の考え方が変わらないというのが一番の課題です。

あなたは、どんなときに自分の考え方が変わりましたか？

本を読んだり、人の話を聞いたり、研修を受けたりしたときですか？

そういう人もいるかもしれません。でも、私の場合は、そういうことでは考え方は変わりません。私がどんなときに自分の考えが変わったかというと、「海外に行って言葉が通じなかったとき」「彼女ができたとき」「就職したとき」「学校を異動したとき」「国際教室を担当したとき」「教務主任になったとき」「副校長になったとき」「校長になったとき」「学園長になったとき」……外から与えられた知識や理解ではなく、自分が経験することによって考え方が変わってきたと思います。

ということは、今までどおりのことを続けて、新しいことに取り組まないようでは、考え方は変わらないのではないでしょうか。新しい経験ができるような場や機会を与えることによって、人の考え方は変わるのだと思います。いつも安心していられる場から、少し挑戦できる場に一歩踏み出すように後押しをすることです。

そういう意味では、「成長のために必要なストレスを与える」ことが大切なのかもしれませんね。いつもどおり、今までどおりでは、考え方は変わりません。新しい職場で考え方が変わるということはよくあることではないでしょうか。同じ学校内でも、違う立場になると考え方が変わると思います。校長先生にとっては、校内人事でそれができるかもしれません。新たな経験を準備することもできるのではないでしょうか。

住田先生のご経験のなかで、学校への着任が決まった3月下旬、そして学校に着任した4月1日、まず、いの一番にされたことは何でしょうか。

4月1日、教職員全員で話し合う機会をつくることです。そのために、着任が決まった3月下旬には話し合いのテーマを決め、どんな問いを発するかを考えました。校長のセレモニーではなく、教職員が意欲的に話し合う場をつくることが大切だと思っていました。自分たちの学校は、自分たちでつくる。そのためには、どんな学校にしたいか、どんな教育活動をしたいか、自分たちで話し合うことができるといいです。「教員になったきっかけは？」「学校で働こうと思ったのは？」など、お互いを知る話題から始めてもいいですね。

校長先生がプレイングマネージャーとして多忙を極めています。私は幸せそうな校長先生に出会ったことがありません。校長先生をはじめとした管理職の働き方改革、ウエルビーイングはどのようにしていけばよいとお考えでしょうか。

しなやかに従い、したたかに抗《あらが》うというあり方です。校長は、決めることができます。何があっても、じたばたしないのがリーダーです。ゆとりをつくるために、何でもかんでも自分で抱え込まないということも大切です。手放す勇気と覚悟を！　そして、謙虚に自分以外の人をリスペクトしていれば、幸せでいられますよ。

我以外皆我師

吉川英治

校長として、こうあらねば、と信念をもって取り組んでいるので、うまくいけば幸せでしょう。しかし、断念することになったときでも、校長は幸せと感じるものなのでしょうか。

１００％できなくても70％できれば幸せだと感じればいいのだと思います。断念して「０」にするのは残念です。０か１００かで考えない方が幸せだと思います。やりたかったことが、同じかたちでなくても、別のかたちで実現することもあります。それが、ほかの人の発案であれば、その人が成長します。どんどんほかの人が育っていけば、学校が活性化します。それは幸せなことではないでしょうか。急がば回れです。

うちの教育委員会には、住田先生がご講演で伝えてくださった言葉に支えられながらがんばっている職員がたくさんいます。たくさんの人を幸せにする先生の言葉は、どこから生まれるのでしょうか?

いろいろな人の話を聞いて、必要なことを取り出すようにしているのだと思います。ですから、けっして私から生まれるのではなく、これまでに誰かが言われたことが再生されているのです。それは、みんな同じではないでしょうか。オリジナルの言葉なんてほとんどなくて、きっと今までに誰かが言った言葉です。大事な言葉は、形を変えてたびたび使われますし、同じようなことをいろいろな人が言っています。それをタイミングよく、うまく使うことが大事なのですね。そんな言葉をタイミングよく引き出せるように、さらに学んでいこうと思います。

おわりに

幸せになるための習慣

習慣が変われば人格が変わる。人格が変われば運命が変わる。

ウイリアム・ジェームズ

習慣に気をつけなさい、それはいつか性格になるから。性格に気をつけなさい、それはいつか運命になるから。

マザーテレサ

生まれながらの素質にそれほど違いがあるわけではない。その後の習慣によって大きな差がつくのである。

孔子

「人は習慣によってつくられる」と言います。

習慣とは、意識しなくても自然にできるようになること、逆にやらないと気持ち悪くなるようなことです。3人の名言のように、習慣は、それを身につけることで運命まで変える力を持っているのです。

そして、素質より習慣によって、その後の成長も違ってくるのです。習慣は行動に影響を与え、行動によって得られる結果が変わるわけです。

校長として、幸せになる習慣とは何でしょう?

意外と実現可能な小さなことの習慣化かもしれません。「水を飲む」「いつも笑顔でいる」「機嫌よくする」「自分に問う」「毎日30分歩く」「目覚まし時計に頼らない」等々。みなさんはどんな新しい習慣を身につけますか?

土を耕し種をまく

校長がやることとは、土を耕し、種をまくことだと思います。自分がいなくなっても、その種が発芽し、実をつけたかどうかによって、校長の願いが実現しているかどうかがわかります。

校長が去った後にその学校がどうなるかが、その学校にその校長先生がいたことの価値です。少し厳しい言い方ですが、校長がその学校を去った後に、その学校が「困りました」「大変になりました」「ダメになりました」となってしまうのであれば、その校長がその学校にいたときの価値は、本当はなかったということです。

校長は、教職員が育つ学校をつくらなければなりません。引き継ぎのときに、「うちの教職員は自走できますので、邪魔しないで見守ってください」と言えるような組織づくりをしておくことが校長の務めです。「自走するような組織に育ちませんでした。先生、あとは頼みます」と言っているようでは、「在任中、あなたは何をやっていたのですか？」と問われても仕方ありません。そう思って私は校長として勤めてきました。

私が勤務した2つの学校が、私が去った後で「ますますよくなった」「すごく発展した」「いい学校になった」と言われることが、校長としての一番の喜びです。

「未完の完結」。

自分が校長としているときは学校が好調で、「すばらしい学校ですね」と周りから言われ、自分でも「自分が校長でいるときに、本校は完成しました」と言ってしまうような学校をつくってしまったら、次の校長が苦労するだけです。そんな学校は持続可能ではありません。

今、「持続可能な社会をつくるために持続可能な学校をつくる」とはどういうことかが問われています。それを担うのが、今の校長のリーダーシップです。まさに「未完の完結」リーダーシップです。

究極のマネジメント

校長の組織マネジメントは大変です。自分自身の人間関係だけでなく、教職員や保護者、地域の方の人間関係まで考えなければなりません。人々の悩みを突き詰めれば、すべて人間関係が原因です。ということは、人間関係の悩みさえ解消されれば、人生はけっこう楽しく、幸せかもしれません。

みんな、どうしたら人に寛容でいられるでしょうか。

面白きこともなき世をおもしろく すみなすものは心なりけり

高杉晋作の辞世の句

この世界を寛容にしたいですね。みんなのつながりを生み出して、楽しい空間をつくれば、自然な笑顔が生まれる場所になります。それぞれが自分の居場所をまたハッピーにしてくれたらと思います。

そうやって職場が、教室が、チームが、家庭が、地域が、こんな自然に笑顔が生まれる世界になったら、とっても幸せだと思います。そんな世界をともに創造する仲間をもっともっと増やしていきましょう。

長く生きていると、いろんな人に出会います。一説によると、人は一生のうちに3万人と出会うのだそうです。そのうちの近い関係になる人は3千人、親しい会話ができるのは300人、友だちと呼べるのは30人、親友と呼べるのは3人ということです。

この数を多いと思うか、少ないと思うか、人それぞれだと思いますが、その出会いのなかで、うれしい気持ち、楽しい気持ちになることもあるでしょうし、悲しくなったり、腹が立ったり、不安にさせられたりすることもあるでしょう。ときには心を乱されることもあるでしょう。それも人間関係です。

そんなとき、私はこの人は「こういう人なんだ」「自分とは違うんだ」と思うようにしています。そして、「自分にできることは何だろう?」と自分に問うようにしています。その人に何かしてもらおうと思っていないので、怒りや悲しみはそれほど感じません。それに、自分が変えられるのは自分だけですから、相手に変わってもらいたいとも思いません。

とにかく、いろんな人がいます。そして、みんな自分とは違う人です。当たり前のことですが、このことをわかっていない人もけっこういます。そういうことを全部受け止めたうえで、「自分にできることは何だろう?」と自分に問いかけて、前に進みます。

怒ってくる保護者や教職員、場合によっては地域の人や議員、大学の先生と対峙した経験も数多くあります。力技で何とかするとかではなく（そんな力もありませんから）、理不尽とも思える要求の一つひとつを受け止めて、傾聴し、寄り添い、人間関係の壁を壊すことはせず、橋をかけ続けてきました。

心理学者のアドラーは、こう言っています。

仕事の課題でうまくいかない人は、顧客や同僚が「仲間」である、という前提で接すると良い。仕事の課題の基本は、交友の課題でもあるからだ。

人間関係に課題を抱える人の特徴は、「相手によって接し方を変えてしまう」「自分の意見をなかなか曲げられない」「完璧主義で人にもそれを求めてしまう」「知らぬ間に人に合わせてしまう」「人が信用できず警戒心を抱いてしまう」「コミュニケーションに苦手意識がある」「自信がないので自分から話ができない」「自分の言いたいことだけを言おうとしてしまう」です。あなたはどれかに当てはまっていますか？

こうした状態をまず自覚することが、改善への第一歩です。ただし、自覚するだけでは、状況は変わりません。状況をよくするには、この状況をつくり出している理由や原因を理解して改善していくことが求められます。人間関係に課題を抱える人の多くは、もともと自己肯定感が低かったり、人目を気にして生きてきた過去があったり、何かトラウマ的な体験があったりします。そんな人でも人間関係を改善したいと思っていますから、原因がわかったら、何をどうしたら人間関係をよくすることができるのか?を考えて実践することです。


人間関係は、「なぜ、どうして?」の連続です。

「なぜそんなことをするんだろう?」

「どうしてそんなことを言うのだろう?」

それでも社会で生きていくということは、そういう「わかり合えない人たち」と上手に折り合いをつけていくということです。もちろん、意見が同じ、気の合う人だけで生きていければ心地いいです。自分に反抗する人を切り捨ててしまえば、楽かもしれません。しかし、学校でも、学級でも、家庭でも、自分とは違う人が集まるからこそ、自分にはない力が発揮され、自分にはないアイデアが生まれるのです。ですから、自分と違う人たちと折り合いをつけて生きていくことが大事なのです。

もちろん、自分とは違う考えや価値観の人たちとのコミュニケーションは、とてもむずかしいです。違った考えや価値観を持っていれば、それだけ対立する機会も増えます。

みなさんは、意見の対立を歓迎しますか？

学校には違った価値観を持った人がいます。そして自分の主張を曲げない人、すぐ反対意見を言う人もいます。でも、必ず理由があります。それは感情と価値観です。これまでの経験や記憶によってもたらされた価値観です。それを否定されると感情的になります。

ですから、「なるほど、そういう思いなんですね」「そういう考え方なんですね」「どんなことか、くわしく話してください」と、考えを出すだけ出してもらい、賛成できる部分はないか聞き出します。承認されると、満たされます。けっして否定してはいけません。「意見の対立・葛藤こそ、真の合意形成の源」と心得ましょう。だからこそ、人間関係を整えることは大事だと思います。自分と違う人と上手にコミュニケーションがとれれば、人生はかなり明るく楽しくなると思います。

人と人との関係性に関する課題や悩みは、人とかかわっている限り、永遠の課題として現れてきます。ただ、課題が見えている状態であるということは、その課題を乗り越える自己成長のステージに来ているということでもあります。あなたの問題意識が課題を形成しているのです。あなたが人間関係の壁を乗り越えたとしたら、あなたは周囲の人に大きく貢献することになるでしょう。今からでも遅くありません。新たな一歩を踏み出してみましょう。

この世界にはいろんな人がいて、自分とはこんなにも違うということを知る時間を持つことが大切です。でも、知るだけでは不十分で、理解したことをどう生かすかが大事です。数分でよいのです、お互いに安心できる場で、フラットに話し合うことで、人間関係を整えるうえで大事なことは何かを感じて気づくことができます。こんなにもみんな違っていて、みんなが集う場所だからこそカラフルな学校なのです。

校長の仕事は、「ハッピー・クリエーター」

教職員をハッピーに！

子どもをハッピーに！

保護者をハッピーに！

そして地域をハッピーに！

学校にかかわっている人すべてをハッピーに！

そして、そのハッピーをウェルビーイングに！

校長先生は、そういう仕事をしているのですね。このことを思い続けていけば、きっとすばらしい学校になると思います。日本中の学校が元気になれば、日本中が元気になります。

迷ったら、「私はハッピー・クリエーター」、この言葉を思い出してください。そのために、毎日を「いつも笑顔で、機嫌よく」いられるように心がけませんか。「あの人といると、何かわくわくする」と言われる人になりたいですね。そういう人に、人はついていきます。「あの人といると元気になる」「あの人といると運気が上がる」「あの人といると幸せになる」、そう思われる校長先生は、幸せですよね。小さな短気で、大きな幸せを失わないように。

進化する校長のポイント

①教職員をコントロールしようとがんばるのではなく、自走できるように導き、教職員が全力で走れるようにサポートすることです。

②自分の力ではなく、教職員の力で成果を出すのが校長の仕事です。
③校長自身は力を抜いて、教職員が内に秘めている力を最大限に引き出すことです。

「校長先生、幸せですか?」

校長先生が楽しそうに話し合っている姿、生き生きと話している姿、ワクワクして行動している姿、そんな姿から私は幸せを感じます。いつまでも、そんな姿を見ていたいと思います。校長先生が幸せでいる学校こそが、教職員にとっては働きやすく、子どもにとっては学びやすい学校になるのだと思います。校長先生の幸せはやがて、保護者にも地域にも伝わり拡がっていきます。

全国の校長先生が幸せであることを願っています。

最後になりましたが、私の講演に参加し、思いや感想や寄せてくださった校長先生方、構想段階からお力添えいただいた教育開発研究所の岡本淳之さんに厚く感謝申し上げます。

【参考文献】

塚越寛著『リストラなしの「年輪経営」――いい会社は「遠きをはかり」ゆっくり成長』光文社、２０１４年

ほんの木編『「私なら、こう変える！」20年後からの教育改革』ほんの木、２０１０年

妹尾昌俊著『変わる学校、変わらない学校――学校マネジメントの成功と失敗の分かれ道』学事出版、２０１５年

住田昌治著『カラフルな学校づくり――ＥＳＤ実践と校長マインド』学文社、２０１９年

住田昌治著『管理しない校長が、すごい学校組織をつくる！「任せる」マネジメント』学陽書房、２０２１年

米澤晋也著『指示ゼロ経営――リーダーが「何もしない」とうまくいく。』内外出版社、２０１９年

沢渡あまね著『なぜ、日本の職場は世界一ギスギスしているのか』ＳＢクリエイ

ティブ、２０２１年
前田鎌利著『課長２・０――リモートワーク時代の新しいマネージャーの思考法』ダイヤモンド社、２０２１年
千々布敏弥著『先生たちのリフレクション――主体的・対話的で深い学びに近づく、たった一つの習慣』教育開発研究所、２０２１年
中原淳著『「対話と決断」で成果を生む話し合いの作法』ＰＨＰ研究所、２０２２年
小倉広著『アルフレッド・アドラー　一瞬で自分が変わる１００の言葉』ダイヤモンド社、２０１７年

[著者紹介]

住田昌治　学校法人湘南学園学園長

1958年生まれ。横浜市公立小学校教員、横浜市立永田台小学校長、横浜市立日枝小学校長を務め、現職。教員が主体的に学校運営に取り組める元気な学校づくりで注目を集める。SDGs、学校組織マネジメントや働き方の講演活動、執筆活動を精力的に行っている。著書に『任せる校長ほどうまくいく！　できるミドルリーダーの育て方』（学陽書房、2022年）、『若手が育つ指示ゼロ学校づくり「一緒に働きたい」と思われるリーダーの条件』（明治図書出版、2022年）、『管理しない校長が、すごい学校組織をつくる！「任せる」マネジメント』（学陽書房、2020年）、『カラフルな学校づくり　ESD実践と校長マインド』（学文社、2019年）。

校長先生、幸せですか？

2023年9月1日　初版発行
2024年5月1日　第2刷発行

著　者………………住田 昌治
発行者………………福山 孝弘
発行所………………株式会社教育開発研究所
〒113-0033　東京都文京区本郷2-15-13
TEL：03-3815-7041／FAX：03-3816-2488
https://www.kyouiku-kaihatu.co.jp
装幀デザイン………上坊 菜々子
カバーイラスト……中山 信一
本文デザイン&DTP…しとふデザイン（shi to fu design）
印刷所………………中央精版印刷株式会社
編集担当……………岡本 淳之

ISBN 978-4-86560-578-5